PANAMERICANA

BILDER UND TEXTE VON
ANDREA UND JÖRG SCHUSTER

INHALT

82   SÜDAMERIKA

Seite 8/9:
Der Kathleen Lake kurz hinter
dem Örtchen Haines Junction
im Yukon Territory beeindruckt
durch seine malerische Lage
und sein klares, türkisfarbenes
Wasser. Nächster Stopp:
Der sogenannte 100 Million
Dollar Campground.

Die Panamericana – der Traum eines jeden Fahrradreifens

Klack, klack. Die Gänge meines Fahrrades wechseln so leicht, als wäre es schon Jahre auf Tour, als sei es nichts Besonderes. Doch während wir auf dem langgezogenen Glenn Highway entlang der riesigen US Air Force nördlich von Anchorage, der größten Stadt Alaskas, radeln, denke ich daran, worauf wir uns eingelassen haben. „Nun bist Du hier, Junge. Jetzt gibt's kein Zurück, die Wahrheit liegt nun auf der Straße", sage ich mir und wundere mich über unsere Gelassenheit.

Beim Blick aus dem Fenster des Fliegers haben wir einen Eindruck von der Weite und Wildnis Alaskas bekommen. Doch auf den ersten Kilometern hinter Anchorage kommen wir uns vor wie auf einer deutschen Autobahn. Vierspurig und durch viel Verkehr gequält, schlängelt sich der Glenn Highway in Richtung Norden. Ein Alaska-Feeling will sich nicht so recht einstellen und schon gar kein Panamericana-Feeling. Doch schon bald biegt der Glenn Highway nach Osten ab, der Hauptverkehr hingegen fährt gerade aus nach Fairbanks, der zweiten nennenswerten Stadt Alaskas. Endlich sehen wir das Alaska, das wir uns vorgestellt hatten: Weite und Einsamkeit, so weit das Auge reicht. Wir fühlen uns wie in einem Roman von Jack London, abends qualmt, knackst und knistert das Lagerfeuer. Trotzdem kommt es uns nicht so vor, als stünden wir endlich am Start unseres lang gehegten Traumes, mit dem Fahrrad von Alaska nach Feuerland zu fahren. Bisher sind unsere Räder nur unsere Fortbewegungsmittel, doch schon bald werden

Die großen, mit Holz beladenen Trucks dominieren auf Kanadas Straßen. Dank der großen Waldflächen ist die Holzindustrie vor allem im Westen Kanadas einer der wichtigsten Wirtschaftszweige.

sie unsere Kumpel, besten Freunde, treue Weggefährten sein. Gute 16 Monate haben wir Zeit, dann wollen wir in Ushuaia, der südlichsten Stadt der Welt, angekommen sein. Ganz unten in Südamerika, auf Feuerland. Weiter runter geht's nicht, es sei denn, man möchte in die Antarktis.

Eine Reise ins Ungewisse. Was werden wir wohl alles erleben unterwegs? Kommen wir gesund durch? Was ist mit größeren Pannen, Unfällen, Überfällen? Kommen wir mit der sportlichen Herausforderung zurecht? Wie gehen wir damit um, dass wir 24 Stunden am Tag zusammen sind und kaum Möglichkeiten haben, uns einmal auszuweichen? Was wird die Reise mit uns machen? Wird sie uns verändern und können wir uns an unser altes Leben in Deutschland wieder gewöhnen? Wir freuen uns auf die grandiosen Landschaften, die wir sehen werden, auf die verschiedenen Kulturen. Schon ganz am Anfang der Tour stellen wir uns vor, wie wir in San Francisco einfahren, die Grenze nach Mexiko überqueren, den Panamakanal betrachten, uns durch die Anden quälen und auf dem knapp 4000 Meter hohen bolivianischen Altiplano radeln. Es ist ein schönes Gefühl, am Anfang eines lang gehegten Traumes zu stehen.

PLANUNG, PLANUNG, PLANUNG

Gut ein Jahr haben wir die Reise geplant und vorbereitet. Versicherungen, Route, Impfungen, Visa, Wohnung auflösen – die Liste war lang. Wie eng man im deutschen Alltag verwoben ist, merkt man erst, wenn man versucht, alles hinter sich zu lassen. Der Schlüssel für eine möglichst sorgenfreie Reise ist die Auswahl der

Eine Begegnung der anderen Art am Upper Arrow Lake in der Nähe des Okanagan Valleys. In den südlichen Ausläufern der kanadischen Rockies ist unser Ziel Vancouver, die größte Metropole British Columbias.

Ausrüstung. Viele Dinge sind zu klären: Welche Kamera, wie bekommt man die Bilder nach Hause, GPS, ja oder nein, Auswahl und Größe des Zeltes, welches Fahrrad? Erst unterwegs merkt man dann, mit wie wenig Dingen man sehr gut auskommen kann. Im Gegenteil: Zuviel wird schnell zur Belastung, nicht nur wegen des Gewichtes und der Schlepperei. Wir lassen uns bei unserer Ausrüstung von der Devise leiten: Möglichst wenig, dafür aber hochwertig. Da wir sowieso regelmäßig in Waschsalons oder an Flüssen waschen müssen, reichen auch zwei T-Shirts. Außerdem kann man Kleidung überall auf der Welt kaufen. Größere Aufmerksamkeit dagegen haben wir der Auswahl der Räder gewidmet. Aufgrund der geringeren Reparaturanfälligkeit haben wir uns für ein 26-Zoll-Rad ohne Federgabel entschieden. Ein Stahlrahmen ist wichtig, um gegebenenfalls den treuen Gefährten unterwegs schweißen zu können, und als Gang-

schaltung wurde eine Rohloff-Nabenschaltung verbaut, schließlich wollen wir unterwegs möglichst wenig Zeit mit Kettenwechsel oder Ähnlichem verbringen. Die sehr dicken Reifen, die wir gewählt haben, erhöhen zwar den Rollwiderstand, nur 24 Plattfüße auf der gesamten Reise zeigen aber, dass die Entscheidung richtig war. Weitere wichtige Punkte bei der Ausrüstung sind Wasserfilter, genügend Reparaturmaterial, wie zum Beispiel das ultrastarke Klebeband „Duck-Tape" (die Titanic hätte nicht untergehen müssen), genügend Passfotos, Medikamente und ein Kocher, für den man Brennstoff überall auf der Welt bekommen kann. Wählt man so bedachtsam aus, kann man mit recht wenig Material komplett autark sein und so auch mal längere Strecken ohne jegliche Versorgungsmöglichkeiten überbrücken. Und dennoch: Ein wenig Luxus muss dann doch sein. So hat meine elektrische Zahnbürste wahrscheinlich als erste Zahnbürste der Welt den Weg auf einem Fahrrad von Alaska nach Feuerland hinter sich gebracht.

Irgendwann wurde es dann auch Zeit, unsere Arbeitgeber zu informieren. Letztlich war dies der kleinere Teil der Vorbereitung, wir beide konnten am Ende unsere Jobs behalten und nach 18 Monaten Auszeit wieder zurückkehren zu unseren Arbeitsstätten. „Das wäre bei mir nie möglich gewesen", haben wir oft gehört. Sicherlich, eine Portion Glück gehört dazu. Zumal es in Deutschland nach wie vor eher unüblich ist, nach einer Auszeit zu fragen – besonders, wenn sie so lange ist. Also fragt auch kaum jemand – und bekommt entsprechend nicht die Möglichkeit dazu.

Die Puente de las Americas überspannt kurz vor Panama-Stadt den Panamakanal – geografisch nicht ganz korrekt, dennoch für uns der Brückenschlag zwischen Nord- und Südamerika.

KÖNIGIN ALLER TRAUMSTRASSEN

Aber warum gerade die Panamericana? Nun, es ist ganz einfach: Die Panamericana, das ist der Traum eines jeden Fahrradreifens. Sie ist die Königin aller Traumstraßen und umspannt zwei Drittel des Erdballs. Als einfache Landstraße, mehrspurige Autobahn, halsbrecherische Schotterpiste mit kratergroßen Schlaglöchern oder als gepflasterte Gasse zieht sie sich von Norden nach Süden durch den amerikanischen Doppelkontinent. Auf ihr durchreist man zahllose Städte und Dörfer sowie einzigartige Landschaften. Als Pan-American Highway, Carretera Panamericana oder Interamericana führt sie durch 15 Länder und durch die unterschiedlichsten Klimazonen der Erde und streift hochmoderne Hightech-Gesellschaften ebenso wie uralte Indianerkulturen. Keine andere Straße der Erde schlängelt sich durch so unterschiedliche Floren und Faunen: grüne Wälder, Kakteen- und Steinwüsten, Tundra, Pampa und raue Gebirge mit Feuer speienden Vulkanen. Die Liste der spektakulären Tiere, die man unterwegs in freier Wildbahn beobachten kann, ist mindestens ebenso lang: Wale, Papageien, Tukane, Seelöwen, Affen, Krokodile, Skorpione, Riesenschildkröten, Pinguine – leider aber auch Billionen von Stechmücken. Die rund 24 000 Kilometer lange Route beginnt bei Prudhoe Bay am Nordpolarmeer, führt durch Alaska, Kanada, die USA und weiter nach Mittel- und Südamerika. Nur in Panama wird die Piste für ein kurzes Stück von undurchdringlichem Dschungel unterbrochen und setzt sich erst in Kolumbien fort. Das berüchtigte Darién Gap ist eine nahezu unüberwindbare Dschungelbarriere und fest in der Hand von Drogenbaronen und malariaverseuchten Moskitos. Selbst heute ist die Durchquerung des nur 90 Kilometer breiten Darién Gaps noch ein echtes Abenteuer, nur eine Handvoll Abenteurer hat es bisher mit dem Fahrrad geschafft. Und das auch nur, indem das Fahrrad getragen statt gefahren wurde. In Südamerika geht es durch die Anden, das Altiplano genannte Hochplateau auf knapp 4000 Metern Höhe zwischen Bolivien und Peru, weiter Richtung Süden durch die argentinische Pampa und die chilenischen Fjordlandschaften bis schließlich nach Ushuaia, der südlichsten Stadt der Welt, auf Feuerland. Genau genommen ist die Panamericana jedoch keine durchgehende Straße, sondern ein gut 72 000 Kilometer umfassendes, verzweigtes transkontinentales Straßensystem. Quasi ein Baukastensystem für Reisende. Die Idee, eine durchgehende Straße von einem zum

Überall in Nordamerika muss Wasser aus Flüssen und Bächen gefiltert werden wie hier am Million Dollar Waterfall im Yukon Territory, Kanada. Der Darmparasit Giardia ist allgegenwärtig.

anderen Ende Amerikas zu bauen, ist alt. 1923 wurde in Santiago de Chile ein Vertrag über den Bau unterschrieben. Man einigte sich auf eine Präambel: „Diese Straße soll die Staaten und Völker Amerikas miteinander verbinden. Sie soll aber nicht nur Handelsweg für Waren und Güter sein, sondern auch der Idee des allgemeinen Friedens und der gemeinsamen friedlichen Ziele der Völker dienen." Kann es eine reizvollere Strecke als die Panamericana geben?

KLIMA-EXTREME

Wer die Panamericana unter die Räder nimmt, sollte klima- und wetterfest sein, denn sie führt durch sämtliche Klimazonen. Unerträgliche Hitze – sei es bei 90 Prozent Luftfeuchtigkeit in den Tropen oder staubtrocken in den Wüsten – und eiskalte Nächte in den Höhen der Anden stellen hohe Anforderungen an die körperliche und seelische Belastbarkeit. Die Panamericana ist eine Radtour der Gegensätze: Atemberaubend schöne Landschaften wechseln mit trister Ödnis. Nach tropisch-feuchter Luft kann schon wenige Etap-

Romantischer Zeltplatz an der La Salle Recreation Area in der Nähe des Yellowhead Highways zwischen Prince George und Jasper in den kanadischen Rockies.

pen später Sandsturm folgen. Die Einsamkeit nicht bevölkerter Regionen wechselt mit extremer Überbevölkerung in den Ballungsräumen. Unermessliche Armut und unglaublicher Reichtum bilden unüberbrückbare Kontraste. Für uns machen gerade diese extremen Gegensätze den Reiz aus.

Das Fahrrad empfinden wir dabei als das ideale Transportmittel: Schnell genug, um vorwärts zu kommen, aber doch langsam genug, um sich auf Land und Leute einzulassen. Mit dem Fahrrad ist man mittendrin. Es ist leise und unaufdringlich. Man riecht und hört alles, kann sich den Wind um die Nase wehen lassen, kommt schnell mit den Menschen ins Gespräch. Das Fahrrad baut dabei oft Brücken. Denn gerade in den Ländern Lateinamerikas sind die Menschen es nicht gewöhnt, dass Leute aus anderen Ländern und Kulturen das Fahrrad als Fortbewegungsmittel nutzen. Die „Gringos" – so die Bezeichnung von Westlern in Lateinamerika – müssten doch eigentlich alle genug Geld haben, um sich ein Auto zu leisten. Aber unsere einfache Art zu reisen zeigt den Menschen, die wir treffen, dass wir uns Zeit nehmen und uns auf ihr Land einlassen und dabei auch touristisch uninteressante Gegenden nicht aussparen – und gerade das öffnet die Türen zu den Menschen.

Die scheinbar mühsame Art der Fortbewegung mit dem Fahrrad bringt uns auch Achtung ein. Äußerlich sieht es nach großer Arbeit aus. Vollbepackt mit Lebensmitteln und Wasser wiegt ein komplettes Reiserad schnell 60 bis 70 Kilogramm. So schlägt uns schnell Mitleid ob der vermeintlichen Plackerei entgegen. Dabei ist die sportliche Herausforderung letztlich gar nicht so groß. Gerade am Anfang nehmen wir uns Zeit, fahren bewusst kleinere Strecken, damit sich unsere Körper an die neue Lebensweise gewöhnen können. Doch schon schnell merkt man, dass man Kondition aufbaut und Radfahren zur Routine, zum täglichen Ablauf wird. Wir planen für die Reise insgesamt einen Tagesschnitt von 50 Kilometern ein, alle paar Tage oder an besonders schönen Orten gibt es Pausen – manchmal auch für zwei oder drei Wochen. In einigen Gegenden „machen wir dann Kilometer" und fahren weite Strecken am Tag. In der Ödnis der argentinischen Pampa zum Beispiel kommen so in zwei Wochen schnell weit über 1000 Kilometer zusammen.

Natürlich, das Fahrrad hat auch ein paar Nachteile. Die liegen vor allem in den südamerikanischen Anden und heißen: lange Anstiege. Auf schlechten Straßen mit vollem Rad von Meereshöhe auf hohe Pässe zu klettern, womöglich noch bei viel Verkehr oder schlechtem Wetter – das drückt auf die Stimmung. Die Panamericana mit dem Rad zu befahren, heißt auch, schlechte Zeiten zu haben, Krisenstimmungen, Selbstzweifel, Resignation. Und dennoch: Rad fahren ist für uns die intensivste und schönste Art der Fortbewegung.

THEMA SICHERHEIT

Das Thema Sicherheit auf Fahrradreisen hat auch uns beschäftigt. Doch am Ende wird keine Suppe so heiß gelöffelt, wie sie gekocht wird. In jedem Land wurden wir auf die Gefahren im Nachbarland hingewiesen mit der dringenden

Bitte, bloß nicht in dieses Land zu fahren: Alles Verbrecher, chaotischer Straßenverkehr, Halunken – eine Gefahr für Leib und Seele. Irgendwann merkt man dann, dass es in jedem Land das Gleiche ist. Und wenn uns die Sicherheitslage doch zu heikel erschien, haben wir – wie in Guatemala – die Polizei für ein paar Tage um Schutz gebeten. Wirkliche Probleme hatten wir jedoch nie. Wir haben in keinem Land schlechte Menschen getroffen und Schwierigkeiten gehabt. Ein paar Sicherheitsvorkehrungen haben wir aber getroffen: So hatten wir in unseren Schuhen ein paar Not-Dollar versteckt, alle wichtigen Reiseunterlagen lagerten im Internet als Kopie und beim Campen in Südamerika haben wir immer darauf geachtet, dass uns niemand von der Straße sehen konnte. So waren wir nach Einbruch der Dunkelheit wie vom Erdboden verschluckt.

Zeit zu haben, ist eine wichtige Voraussetzung, um die Panamericana zu befahren. Nicht zuletzt auch wegen der Jahreszeiten. Wir sind im Hochsommer in Alaska gestartet und im

Im ecuadorianischen Amazonasgebiet besuchen wir für eine Woche eine Dorfgemeinschaft der Huaorani-Indianer. Dayumae, die Dorfälteste, nutzt unseren Besuch, um auch entlegene Dörfer ihres Stammes zu besuchen und bietet uns so einen Einblick in das Leben ihres Stammes.

Herbst bereits in gemäßigten Zonen an der kalifornischen Küste angekommen. Die beste Reisezeit für Zentralamerika ist der Winter von November bis März, denn dann sind die Temperaturen dort noch einigermaßen erträglich und es herrscht Trockenzeit. Die nördlichen Länder Südamerikas bereisen wir dann in der dortigen Trockenzeit von April bis Juni. Nur im südlichen Teil Südamerikas geht die Rechnung nicht ganz auf. Wir mussten bis Weihnachten wieder in Deutschland zurück sein, sodass unsere Reisezeit durch Argentinien und Chile auf den dortigen Winter beziehungsweise beginnenden Frühling fiel. Eine Tatsache, die uns im Laufe der Reise oft kalte Finger und Füße bescheren sollte.

Das Praktische an den Ländern entlang der Panamericana ist die Sprache: Man braucht nur Englisch und Spanisch, um von ganz oben nach ganz unten zu kommen. Um mehr von Land und Leuten zu verstehen, sind gute Sprachkenntnisse

Voraussetzung. Unterwegs lernt es sich jedoch auch gut: In der Lenkertasche liegen Vokabelhefte und so werden die Radtage in Kalifornien und Mexiko zum Sprachunterricht. Einen entscheidenden Schritt vorwärts machen wir jedoch erst in Guatemala: Eine Woche Sprachkurs in einer Gastfamilie mit fünf Stunden Eins-zu-Eins-Unterricht plus Hausaufgaben jeden Tag lassen einen daran erinnern, dass Fahrradfahren mit Gegenwind oder im Gebirge im Grunde doch eine einfache Arbeit ist.

Alles andere als schwierig ist das Thema Essen. Ums Zunehmen braucht man sich als Radreisender keine Gedanken zu machen. Essen, was geht – das ist die Devise. Häufig köcheln abends große Portionen Nudeln mit Gemüse vom Markt auf dem Kocher. Doch manchmal überfällt uns der Heißhunger. In Kanada zum Beispiel haben wir Gier nach Süßigkeiten. Ein großer Supermarkt kommt uns da gerade recht und wenige Minuten später sind wir stolze Besitzer einer 70-Stück-Mini-Mars-Großfamilien-Packung. Und da diese sich nur schwer auf dem Fahrrad transportieren lässt, ist von den 70 Marsriegeln wenige Tage später nichts mehr zu sehen.

MEHR ALS EIN URLAUB

Gute 16 Monate unterwegs zu sein, ist ein besonderes Gefühl. In den ersten Wochen gab es noch Gedanken wie „Cool, der Urlaub hört ja nie auf". Doch irgendwann realisiert man, dass es nicht der gewohnte 3-Wochen-Jahresurlaub ist, sondern ein anderer Lebensabschnitt – wenn auch nur für eine bestimmte Zeit. Es spielt sich Routine ein. Beim Radeln, wie auch beim Alltag

Anders als in Europa haben Verkehrsschilder in Zentralamerika im besten Fall nur Empfehlungscharakter wie hier in Mexiko.

drum herum. Das allmorgendliche Abbrechen der Zelte funktioniert mit der Zeit wie im Schlaf und ohne große Worte. Auch wissen wir schnell, wo jede Socke steckt, oder fingern zielsicher mit einem Griff die Streichhölzer aus einer Tasche. Die Zeit unterwegs kommt uns dabei viel länger vor als im normalen Alltag. Kein Wunder, ist doch jeder Tag anders: Neue Menschen, neue Landschaften, anderes Wetter. Ein besonderes Highlight dabei sind die Begegnungen mit anderen Radfahrern. Sind in Nordamerika noch viele Radreisende unterwegs, nimmt die Anzahl an Radnomaden in Lateinamerika deutlich ab. Hier trifft man eher die Langzeitradelnden auf großer Tour. Immer bleibt Zeit für ein Schwätzchen, egal, wo man sich trifft. Mit der Zeit bildet sich so eine kleine Rad-Community. Man tauscht E-Mail-Adressen aus, bleibt in Kontakt, gibt Ratschläge oder berichtet von anderen Radreisenden, die man auch schon mal irgendwo getroffen oder zumindest von ihnen gehört hat. Neben dem Internet funktioniert in Gegenden mit einer geringen Straßendichte auch schon mal die Radler-Post: Man hört von einem Radfahrer, der ein paar Tage vor oder hinter einem sein muss. Also schreibt man einen netten Brief und gibt ihn einem Autofahrer mit, der gerade in die Gegend fährt, in der man den anderen Radfahrer vermutet. Mit etwas Glück kommt dann einige Stunden oder auch Tage später eine Antwort zurück. Mit Evelyne aus der Schweiz hat sich so ein reger Briefwechsel entwickelt. Wir haben uns in Mexiko kennengelernt und sind seitdem während der gesamten Tour regelmäßig per Mail in Kontakt geblieben. In Patagonien sind wir ungefähr zur gleichen Zeit – was bietet sich daher mehr an als die patagonische Radler-Post? Andrea verschickt so die Einladung zu ihrem Geburtstag. Einige Tage später sitzen wir gemeinsam in Punta Arenas und feiern. Nach Tausenden von Kilometern auf den Straßen Südamerikas mangelt es nicht an Gesprächsstoff …

DAS ZIEL IN SICHTWEITE – FEUERLAND

Aber auch die längste Reise geht irgendwann einmal zu Ende. Am Südzipfel Patagoniens ist es dann soweit: Wir sehen das erste Mal Feuerland – unser Ziel. Es ist nicht mehr weit bis nach Ushuaia, der südlichsten Stadt der Welt, die letzten Kilometer liegen vor uns. Als Feuerland wird eine Inselgruppe bezeichnet, sie ist in etwa so groß wie Österreich und vom Festland durch die berühmte Magellan-Straße getrennt. Seinen Namen verdankt Feuerland – das südlichste,

Der Eingang zum Mount Robson Provincial Park. Majestätisch erhebt sich der Mount Robson vor uns. Er ist mit knapp 3954 Metern der höchste Berg der kanadischen Rocky Mountains und liegt inmitten des gleichnamigen Parks.

immer eisfreie Archipel der Erde – dem portugiesischen Seefahrer Ferdinand Magellan. Als er mit seinem Schiff 1520 die später nach ihm benannte Magellan-Straße befuhr, sah er an Land viele kleine Feuer. Feuer, die die dortigen Ureinwohner, die Selk'nam, gemacht hatten. Fasziniert davon nannte er das bis dato unbekannte Eiland kurzerhand Feuerland. – Eine kurze Überfahrt mit einer kleinen Fähre, dann steht unseren letzten 500 Radkilometern nichts mehr im Wege. Die Frühlingssonne wärmt jetzt Ende September schon ganz schön. Wir verbringen einige Zeit mit Gauchos. Sie erzählen uns abends vor einem bollernden Holzofen in schwer verständlichem Spanisch von ihrem mühsamen Leben als Schafscherer.

Sind die größten Teile von Feuerland flach wie ein platter Fahrradreifen, zeigt sich die Insel im Süden von ihrer spektakulären Seite. Gerade so, als wolle sie uns auf unseren letzten 100 Radkilometern noch etwas Besonderes bieten. Die Darwin-Kordillere, ein Ausläufer der Anden mit

bis zu 2500 Meter hohen Bergen voller Gletscher, trennt Ushuaia vom Rest der Insel. Für uns gilt es, einen letzten kleinen Pass zu bezwingen, dahinter liegt Ushuaia. Doch der Pass ist mit 600 Höhenmetern nicht der Rede wert. Im Gegenteil: Er ist viel zu niedrig und die Strecke zu kurz – denn eigentlich wollen wir noch gar nicht ankommen. Wie oft haben wir schon von Ushuaia geträumt, der Name klingt wie Musik in unseren Ohren. Wir sind zu Diavorträgen gepilgert, haben in Reiseführern geschmökert, Bildbände gewälzt, sind mit den Fingern die Amerika-Karte von oben nach unten entlanggefahren. Immer wieder sind wir in Gedanken zu diesem Ort gekommen. Ushuaia, das Ende der Welt. Wenige Kilometer vor Ushuaia kommt uns eine Radfahrerin entgegen. Marijke aus Holland ist gerade gestartet und überlegt, ob sie nach Alaska fahren soll. Eine schöne Strecke hat sie da vor sich. Wir rufen ihr noch „alles Gute" nach. So schließt sich der Kreis.

AM ENDE DER WELT

Auch auf den allerletzten Kilometern schenkt uns der Wind nichts. Wir müssen noch mal richtig in die Pedale treten. Doch dann stoppt er auf einmal, dreht sogar und wir bekommen Rückenwind. Kräftigen Rückenwind – als ob uns eine unsichtbare Hand schieben würde. Die Straße neigt sich nach unten, die Räder fangen an zu rollen. Erst leicht, dann immer schneller. Unsere Spannung steigt, die Landschaft fliegt an uns vorbei. Dann eine Kurve. Wir können es kaum fassen, das Ortseingangsschild von Ushuaia steht vor uns. Einfach so, als sei es nichts Besonderes. Ein unglaubliches Gefühl. Wir halten sofort an

Blick von der Hostería Lago Grey auf das Paine-Grande-Massiv. Die Hostería im chilenischen Nationalpark Torres del Paine bietet außer bequemen Übernachtungen jede Menge Zeltplätze und Annehmlichkeiten für Wanderer.

und machen Fotos. Doch es zieht uns schnell weiter in die Stadt. Unten am Hafen steht DAS Schild. Schier unendlich oft schon haben wir das Schild auf Bildern von anderen Reisenden gesehen, die die Panamericana per Rad, Motorrad oder Auto bereist hatten. Wenn die Panamericana eine Ziellinie hat, dann hier. Aber so schnell kommen wir nicht zu unserem Bild. Eine große Reisegruppe steht um „unser" Schild herum und macht Fotos von der Stadt. Wir erregen schnell ihre Aufmerksamkeit. Jemand fragt uns, wo wir herkommen, wir erzählen unsere Geschichte, das laute Staunen macht weitere Leute auf uns aufmerksam, wir bekommen sogar Applaus. Ziemlich lange. Dann will jeder mit uns auf ein Foto. Nachdem die noch immer Ungläubigen weitergezogen sind, kommt die nächste Gruppe. Das gleiche Spiel. Schließlich können auch wir unser Foto machen, die Radreise ist zu Ende. Ein schönes Gefühl, aber auch ein trauriges, denn nun ist Schluss mit Radeln. Wir haben unseren Traum gelebt.

Auch wenn es nicht immer einfach war, wir oft geflucht und uns manchmal gefragt haben, was wir hier eigentlich machen – es war doch eine wunderschöne Zeit, als Nomade durch die Amerikas zu ziehen, sich den Wind um die Nase wehen zu lassen (wenn er mal gerade nicht von vorne kam), den Sternenhimmel nachts zu bewundern, nach einem anstrengenden Radtag vor dem Zelt an einem knisternden Feuer zu sitzen, einen Kaffee zu trinken und in die Landschaft zu schauen, die Freiheit unterwegs zu genießen und das Gefühl, tun und lassen zu können, was wir wollen. Die Amerikas sind ein wunderschönes Fleckchen Erde. Es gab Tränen unterwegs. Tränen des Glücks, aber auch Tränen der Verzweiflung. Und trotzdem. Wir werden es vermissen: das Einrasten der Radschuhe in die Pedale, den Geruch des Zeltes und den Geschmack eines lecker gekochten Abendessens auf dem Benzinkocher. Nun, nach 22064 Radkilometern ist alles vorbei. Ein tiefes Gefühl der Dankbarkeit macht sich breit.

Seite 20/21:
Einer von unzähligen Seen entlang des Alaska Highways kurz vor dem Kluane National Park südwärts in Richtung Yukon Territory. Der Alaska Highway wurde von mehr als 10 000 amerikanischen Soldaten in den Vierzigerjahren in sechsmonatiger Rekordzeit in die Wildnis gebaut. Er ist die einzige Straßenverbindung der USA hinauf nach Alaska und die 2238 Kilometer lange Straße ist mittlerweile gut ausgebaut. Im Sommer nutzen ihn Abenteuerlustige aus aller Welt um die Einsamkeit Alaskas und des Yukon Territory zu erleben.

Seite 22/23:
Sonnenuntergang auf dem Salar de Uyuni. Die Schatten werden länger – und berühren irgendwann den Horizont. Mit circa 12 000 Quadratkilometern ist der Salar de Uyuni der größte Salzsee der Erde. Er liegt im Südwesten Boliviens auf einer Höhe von 3650 Metern und ist mit dem Titicacasee einer der landschaftlichen Höhepunkte des Altiplanos. Mit gleißender Helligkeit am Tag und bitterkalten Nächten ähnelt er äußerlich einem steinhart gefrorenen See.

Sonnenuntergang in Pucón am Lago Villarrica im chilenischen Teil Patagoniens. Pucón ist ein beliebter Touristenort in Zentral-Chile und Ausgangsort zur Besteigung des noch aktiven Vulkans Villarrica mit einer Höhe von 2840 Metern. Die starken vulkanischen Aktivitäten prägen das Bild der Gegend. Hier finden sich zahlreiche Thermalquellen – allerdings ist die Gefahr eines großen Ausbruchs des Vulkans sehr hoch und die Bewohner von Pucón leben in ständiger Ungewissheit.

NORDAMERIKA

Durch Nordamerika mit dem Fahrrad zu fahren, mag erst einmal merkwürdig erscheinen. Zumindest ist es für die Amerikaner sehr merkwürdig, legen sie doch fast jeden Meter mit ihrem Auto zurück. Trotzdem sind die Länder Nordamerikas – USA, Kanada und der nördlichste US-Bundesstaat Alaska – für Radfahrer ideal. Die Versorgungsmöglichkeiten sind optimal, es gibt viele gut ausgebaute Straßen, das Klima ist – wenn man zur richtigen Jahreszeit in Alaska startet – einigermaßen berechenbar und die Leute sind freundlich und aufgeschlossen. Hinzu kommt die grandiose Natur. Nordamerika ist für uns daher der Startpunkt für die Panamericana; hier haben wir die Möglichkeit, uns an das Leben unterwegs auf den Straßen zu gewöhnen, bevor es ins deutlich abenteuerlichere Lateinamerika geht. So treffen wir in Nordamerika dann auch zahlreiche Radreisende aus aller Welt.

Auf dem Weg vom Mount Robson nach Jasper überquert der 2687 Kilometer lange Yellowhead Highway den Yellowhead Pass und damit die Hauptkette der Rocky Mountains. Im Hintergrund thront mit 3086 Metern der Majestic Mountain.

Rechts:
Hochsommer in Alaska. Keiner denkt bei „Alaska" an 30 Grad und Sonnenbrand. Weit gefehlt. Der Sommer in Zentralalaska ist kurz, aber intensiv. In der Nähe des Polarkreises sind im Juli die Nächte sehr kurz, die Rad-tage dauern bis spät in den Abend. Das freut auch die größten Plagegeister Alaskas: Moskitos. Sie sind kaum zu sehen – jede unserer Pausen nutzen sie zu einem Festmahl.

Unten:
Die unendliche Weite Alaskas. Wenig Verkehr auf gut ausge-bauten Straßen – Radfahrer finden in Alaska optimale Be-dingungen wie hier am Glenn Highway. Im Hintergrund kün-digen sich schon die Gipfel der Wrangell Mountains an.

Oben:
Der Glenn Highway kurz hinter Palmer, Alaska, auf der Fahrt entlang der Matanuska Range. Unsere Muskeln werden wenige Tage nach dem Start in Anchorage auf dem bergigen Teilstück zum ersten Male richtig gefordert.

Links:
Kurz vor Mitternacht am Grizzly Lake in Alaska, im Hintergrund der Mount Sanford mit 4947 Metern Höhe. In Alaska und Kanada gibt es überall grandiose Zeltplätze. Mal luxuriös mit Dusche – mal wild. Aber Achtung: Bärenalarm.

Der Ort Haines Junction ist benannt nach der Kreuzung der beiden großen Highways Alaska Highway und Haines Highway. Der circa 600 Ein- wohner zählende Ort ist der wichtigste Zugangspunkt zum nahen Kluane-Nationalpark im kanadischen Yukon Territory. Für uns eine gute Gelegen- heit, die Vorräte aufzufüllen.

Links Mitte:
Für Elche ist Alaska ein Paradies. Häufig sieht man die bis zu 800 Kilo schweren Tiere friedlich in Sümpfen oder kleinen Seen stehen und fressen. Besonders für Autofahrer können die Begegnungen mit Elchen sehr gefährlich sein.

Links unten:
Auf dem Alaska Highway fahren wir südwärts in Richtung Yukon Territory; in der Ferne können wir die Wrangell Mountains und das Tetlin National Wildlife Refuge, ein 2950 Quadratkilometer großes Schutzgebiet im Osten Alaskas, erahnen.

Unten:
Am Kathleen Creek kurz hinter Haines Junction. Im Sommer nur ein Rinnsal, schwillt der Fluss in der Schneeschmelze um ein Vielfaches an.

ALASKA UND KANADA: BIKEN IM REICH DER BÄREN UND LACHSE

Die Fahrräder sind zusammengebaut, alle Einkäufe erledigt, das Kartenmaterial verstaut und das Bären-Spray ist in Reichweite – sollten wir unser Essen einmal gegen Meister Petz verteidigen müssen. Unverzichtbar im Reisegepäck ist auch die gute alte „Mile Post". Sie ist dick und schwer wie ein Telefonbuch und enthält Meile für Meile alle wichtigen Informationen für Alaska und Westkanada, angefangen von den Sehenswürdigkeiten über die Campgrounds und Lodges bis hin zu Tankstellen und vielem mehr. Von Anchorage, der größten Stadt Alaskas, starten wir in nordöstlicher Richtung auf dem Glenn Highway. Zunächst ist der Highway rund um Anchorage sehr stark befahren und das Radgefühl ist so ganz und gar nicht „Alaska-like". Der Glenn Highway folgt zunächst dem Matanuska River, windet sich durch die Talkeetna und Chugach Mountains und führt vorbei am beeindruckenden Matanuska Glacier, der fast bis an den Highway heranreicht. Es riecht nach Abenteuer, abends vor dem Lagerfeuer hören wir in der Ferne Coyoten heulen. Das ewige Bergauf und Bergab und noch dazu Regen und Wind machen uns jedoch zu schaffen. Unsere Beine sind müde von den ersten Anstrengungen.

Nach dem Eureka-Summit-Pass können wir es entspannter angehen lassen. Die Landschaft weitet sich und in der Ferne können wir die Umrisse der Wrangell Mountains im Wrangell-St. Elias National Park erkennen. Auf dem Fahrrad bekommen wir die Weite des Landes so richtig zu spüren. Das Land ist mit einer Gesamtfläche von 1 700 138 Quadratkilometern fünfmal so groß wie Deutschland und der größte US-Bundesstaat, hat aber nur 740 000 Einwohner. Davon leben über die Hälfte in Anchorage und Fairbanks. Kein Wunder also, dass man nur selten auf Häuser oder gar Ortschaften trifft …

In Glennallen endet der Glenn Highway und wir fahren über den Tok Cutoff nach Tok, zum nördlichsten Ort unserer Reise. Ab jetzt geht es nur noch in Richtung Süden. Die Bewohner bezeichnen ihre Siedlung stolz als „Sled Dog

Mitte:
Das Empfangsschild am Flughafen von Anchorage, der mit knapp 292 000 Einwohnern größten Stadt Alaskas, empfängt uns rustikal. Glas und Stahl wie auf anderen großen Airports sucht man hier vergebens. Holz ist der dominierende Werkstoff.

Rechts:
Wichtig für Radfahrer auf Alaskas Straßen: immer genügend Lebensmittel im Gepäck zu haben, der nächste Store könnte weit weg sein. Mit unserer Ausrüstung sind wir autark und können so auch mehrere Tage ohne Versorgungsmöglichkeiten auskommen.

Ganz rechts:
Am zweiten Radtag unserer Tour auf dem Glenn Highway kurz hinter Palmer. Noch fühlt es sich an wie ein ganz normaler Drei-Wochen-Urlaub. Uns ist noch nicht so richtig bewusst, dass gute 22 000 Kilometer bis zu unserem Ziel Feuerland vor uns liegen.

COME
O
SKA

Nicht immer sind die Straßenverhältnisse optimal, besonders Nebenstrecken haben
nur einen groben Schotter-
belag. Tückisch sind vor allem
Waschbrettpisten, hier werden
Mensch und Material einem
Rütteltest unterworfen. –
Gutes Material zahlt sich aus.

Fahrt durch die Ausläufer
der Wrangell Mountains am
Tok Cutoff. Alaska ist fünfmal
so groß wie Deutschland –
aber es leben nur circa
655 000 Menschen dort. Der
größte Teil des nördlichsten
US-Bundesstaates ist so gut
wie unbesiedelt.

Die Familie Haisman aus
New Mexico tourt mit ihren
sieben Kindern in einem
umgebauten Reisebus durch
die USA. Die Kinder der
Familie spielen mit ihrer
Band „Foxfire Bluegrass"
traditionelle amerikanische
Musik, hier bei einem abend-
lichen Konzert auf dem
Sourdough Campground von
Ken in Tok, Alaska.

Ken und die „Foxfire
Bluegrass"-Band spielen
mit Gitarren und Banjos
Bluegrass und Country
Music. Diese Musik-
richtungen stehen in Alaska
ganz weit oben auf den
Hitlisten.

Capital of Alaska". Jetzt im Sommer kommen wir allerdings nicht in den Genuss, die Schlittenhunde in ihrem Element zu erleben.

Eines der Highlights einer solch langen Reise ist immer die Begegnung mit interessanten Menschen. In Tok auf dem Sourdough Campground treffen wir David, Dawn und ihre sieben Kinder. Als die Tochter vor einigen Jahren anfing, mit ihren Brüdern Musik zu machen, und die Band Foxfire Blue-grass gründete, haben David und Dawn alles aufgegeben, einen großen Reisebus gekauft und touren seither mit ihren Kindern durch die Staaten und geben Konzerte. Die Kinder werden von den beiden selbst unterrichtet, Geld verdienen sie durch Auftritte und die verkauften CDs.

Unsere Radtage sind oft sehr lang, denn im Juli geht die Sonne erst um etwa 23:45 Uhr unter und morgens um 3 Uhr schon wieder auf. Für uns ist das ziemlich praktisch, können wir doch alles bei Tageslicht erledigen. Was uns dagegen zu schaffen macht, sind die Myriaden von Moskitos. Sie wer-den in jedem Prospekt geflissentlich verschwiegen. An-scheinend haben sie nur darauf gewartet, dass wir mit dem Fahrrad vorbeikommen und sie eine kleine Abwechslung haben. Selbst bei voller Fahrt lassen sie uns nicht in Ruhe; zu dumm, dass sie gute 20 Stundenkilometer schnell fliegen können.

Rechts:
In Alaska gelten andere Regeln: Bequem vom Auto aus auf der Straße zu jagen, ist verboten. Ob sich jemand daran hält?

Mitte:
Der Weißkopfseeadler ist das Wappentier der USA. Besonders häufig sieht man ihn in der Nähe von Haines. Der Chilkat River friert als einer der wenigen Flüsse Alaskas im Winter nicht zu und bietet so Tausenden von „Bald Eagles" eine sichere Nahrungsquelle.

Unterwegs auf einer Fähre in der Inside Passage im Westen Alaskas, dem sogenannten „Panhandle". Mehr als 1000 Inseln und 20 000 Kilometer Küstenlinie finden sich hier. Im Sommer ist die Inside Passage ein beliebtes Reiseziel für Kreuzfahrttouristen, die vom Boot aus Wale beobachten können. Eine gute Regenjacke gehört zur Standardausrüstung.

WEITE ERFAHREN

Die Weite und die riesigen Entfernungen auf dem Alaska Highway machen uns immer wieder staunen. Der Highway ist 2238 Kilometer lang und wurde von den Amerikanern und Kanadiern im Zweiten Weltkrieg innerhalb weniger Monate durch die Wildnis bis nach Alaska gebaut, weil man Angst vor einem Angriff der Japaner auf Alaska hatte. Heute freuen sich die Touristen und nutzen den „Alcan", um ins Land der „Last Frontier" zu gelangen.

Bei Beaver Creek, dem kleinen Ort hinter der Grenze von Alaska nach Kanada, haben wir unseren ersten Kontakt mit Bären. Ein kleiner Grizzly steht wenige Meter neben der Straße und damit neben uns. Zeit zum Erschrecken bleibt keine – denn der Bär sucht sofort das Weite. Glück für uns, denn es ist äußerst gefährlich, einem Bärenbaby so nahe zu kommen, da die Mutter nie besonders weit entfernt ist.

Auch wenn Bären so gemütlich aussehen, können sie bis zu 50 Stundenkilometer schnell rennen und sind nicht zimperlich, wenn es darum geht, ihre Jungen zu verteidigen.

Unser Weg führt uns über Haines Junction nach Haines und damit wieder nach Alaska. Haines ist ein Ort im sogenannten „Panhandle". Mit etwas Fantasie sieht das Gebiet auf der Karte aus wie der Pfannenstiel des restlichen Alaska, das den Pfannenboden bildet. Haines' Lage ist besonders reizvoll. Der Ort liegt zwischen dem Chilkoot und Chilkat Inlet. Im nahegelegenen Glacier-Bay-Nationalpark kalben Dutzende Gletscher in den Lynn Fjord, der sich tief in die Berge gegraben hat. Berühmt ist nicht nur die grandiose Landschaft um Haines sondern auch die große Kolonie der Weißkopfseeadler, die hier zu finden ist. Der Fluss Chilkoot ist einer der wenigen Flüsse im Südosten Alaskas, der im Winter nicht zufriert und so dient er als Nahrungsquelle für Tausende der imposanten Vögel.

Mit der Fähre reisen wir über eine der schönsten Schifffahrtsrouten der Welt – über die Inside Passage – vorbei an Juneau, der Hauptstadt Alaskas, die ausschließlich per Flugzeug oder Fähre, nicht aber per Auto zu erreichen ist,

Im Spätsommer wandern Millionen von Lachsen flussaufwärts zu ihren Laichplätzen. Dann ist Hochsaison für Angler aus aller Welt. Wir werden von einer kanadischen Familie zum Angeln eingeladen und haben schnell Glück. Dieses Prachtexemplar bringt 40 Pfund auf die Waage.

Die beste Spülmaschine der Welt: Die Flüsse Alaskas sind reich an Sedimenten aus den umliegenden Gletschern, so werden die Töpfe schnell sauber vom schwarzen Ruß des Lagerfeuers.

Die Zeltplätze in Alaska und Kanada sind perfekt ausgebaut. Nach dem Ende eines Radtages besteht unser allabendliches Programm aus Zelt aufbauen, Feuer machen, kochen und bei riesigen Portionen die Stille genießen.

Kaum ist das Essen auf dem Tisch, sind diese vorwitzigen Tierchen nicht weit. Squirrels, die kleinen wuseligen Nagetiere, sind mit den europäischen Eichhörnchen verwandt. Man trifft sie in Alaska auf jedem Campground.

Ein leckeres Abendessen mit gebratenem Speck über dem Lagerfeuer gekocht – das ist ein Fest für jeden Radlermagen. Fast alle Campingplätze Alaskas sind mit einer Feuerstelle ausgestattet, Brennholz findet man in den umliegenden Wäldern kostenlos und in ausreichender Menge.

Das typische Abendessen Alaskas im Spätsommer: Lachssteak. Im Spätsommer und Herbst strömen Millionen von Lachsen zu ihren Laichplätzen an den Oberläufen der unzähligen Flüsse Alaskas und Kanadas. Wie die Tiere sich orientieren, ist nach wie vor unklar. Nach Jahren im Pazifik finden sie jedoch zielsicher den Platz, an dem sie Jahre zuvor geschlüpft sind, laichen und sterben danach erschöpft.

nach Prince Rupert in British Columbia, Kanada, wo wir wieder die Räder beladen und auf dem Yellowhead Highway in Richtung Osten fahren.

Zur Lachs-Hochsaison schwimmen im Sommer Abertausende von Lachsen flussaufwärts zu ihren Laichplätzen und legen dabei zum Teil 1300 Kilometer zurück. Am Skeena River in British Columbia nehmen wir die Einladung von Don und Joan aus Smithers an und haben großes Anglerglück: ein 40 Pfund schwerer Lachs hängt an unserer Angel und muss von drei Leuten aus dem Fluss gezogen werden. Abends liegt das Prachtstück vor uns auf dem Lagerfeuer.

Vorbei an den Cariboo Mountains und den Ausläufern der Rocky Mountains lenken wir unsere Räder bei Tête Jaune Cache mitten hinein in die Bergwelt der Rockies. Wir sind fasziniert vom Anblick des Mount Robson. Er ist mit 3954 Metern der höchste Berg in den kanadischen Rockies. Sein schneebedeckter Gipfel ist zwar durch Wolken verdeckt, aber seine gewaltige Größe beeindruckt dennoch. Auf der Suche nach einem Zeltplatz fahren wir mit dem Fahrrad hoch hinauf zum Kinney Lake am Fuße des Mount Robson. Ein schöneres Plätzchen für die Nacht gibt es wohl kaum …

Rechts:
Der Glenn Highway ist eine perfekt präparierte Piste durch die Wildnis Alaskas. Noch heute ist der Straßenbau in Alaska eine Herausforderung. Die Sommer sind kurz und Dauerfrost bestimmt in weiten Bereichen Alaskas und des Yukons die Lebensbedingungen. Das trockene Sommerwetter mit langer Sonnenscheindauer kann dem Permafrostboden nur oberflächlich etwas anhaben, die Straßen verlieren schnell ihre Stabilität und die harten Winter führen häufig zu tiefen Schlaglöchern.

Unten:
Die Inside Passage an der Westküste Alaskas ist ein sehr nährstoffreiches Gewässer und lockt viele Fischer an. Inmitten des Insellabyrinths der Inside Passage liegt Juneau, die Hauptstadt Alaskas. Sie ist als einzige Hauptstadt der Welt nur per Flugzeug oder Schiff erreichbar.

Oben:
Zwischen Haines Junction und Haines verläuft der Haines Highway, auf halber Strecke überquert man die Grenze zwischen Kanada und Alaska.

Links:
Kurz bevor der Haines Highway hinunter zur gleichnamigen Stadt führt, muss der Haines Highway Summit mit 1070 Metern überquert werden. Die Höhe des Passes stellt keine Herausforderung dar. Schwierig dagegen ist der starke Gegenwind, der üblicherweise vom Fjord des Lynn Canal das Chilkoot-Tal heraufweht und so die Geschwindigkeit auf Schritttempo reduziert. Für die 118 Kilometer benötigen wir knapp neun Stunden – und das, obwohl die Strecke die meiste Zeit bergab führt.

Oben:
Der Yellowhead Highway
bildet die Hauptstrecke
zwischen der Westküste
Kanadas und dem Icefield
Parkway im Herzen der Rocky
Mountains. Entlang des
Weges ergeben sich immer
wieder fantastische Ausblicke
auf das Küstengebirge und
auf unzählige Wasserfälle.
Die Versorgungslage ist
durchgehend sehr gut,
manche Orte, wie zum
Beispiel Smithers, leben
vorwiegend vom Tourismus.

Bilder rechts:
Im Hochsommer blüht es in
den Rockies richtig auf,
unzählige Wildblumen stehen
farbenfroh überall auf den
Wiesen und Feldern entlang
unserer Radstrecke.

Links:
Immer wieder bekommen wir von Einheimischen „Geheimtipps" zu abgelegenen und einsamen Seen und Zeltplätzen wie hier in der La Salle Recreation Area wenige Tagesetappen vom Icefield Parkway entfernt.

Unten:
In der Nähe des Mount Robson entspringt der Fraser River. Er ist der längste Fluss in der kanadischen Provinz British Columbia. Nach etwa 1375 Kilometern mündet er südlich der Stadt Vancouver in den Pazifik. Jährlich gelangen dadurch mehr als 20 Millionen Tonnen Sedimente aus den Rocky Mountains in den Ozean.

ICEFIELD PARKWAY – WO DIE ROCKIES AM SCHÖNSTEN SIND

Mitte:
Was gibt es Schöneres als einen Radtag an einem Lagerfeuer zu beenden? Bei unserem abendlichen Ritual genießen wir die unendliche Freiheit unseres Lebens als Radnomaden.

Der Icefield Parkway als Teil der Panamericana ist eine 230 Kilometer lange Strecke entlang des Hauptkamms der Rocky Mountains. Zwischen den Orten Jasper und Banff wurde die angeblich „schönste Gebirgsstraße Kanadas" mitten durch hochalpine Landschaft gebaut. Die Natur geizt hier wahrlich nicht mit spektakulären Aus- und Einblicken: Vergletscherte Gipfel, tosende Wasserfälle, dunkelgrüne Nadelwälder, blühende Bergwiesen, Seen in allen Blautönen und mit etwas Glück Elche, Bären und jede Menge Dickhornschafe. In der Nähe von Jasper werden wir morgens von schmatzenden Geräuschen geweckt. Als wir aus unserem Zelt lugen, was denn da so vor sich geht, sehen wir eine Elchfamilie, die keine 15 Meter neben unserem Zelt genüsslich Gräser mampft.

Der Icefield Parkway ist ein Traum für Naturliebhaber – aber die traumhafte Natur haben wir nicht für uns alleine. Jedes Jahr ist hier eine Heerschar begeisterter Touristen unterwegs. Wem der Trubel etwas zu viel wird, sollte handeln wie viele Bären in diesem Gebiet: reißaus nehmen. Trotzdem

Unten:
Der Icefield Parkway ist touristisch sehr gut erschlossen. Trotzdem findet man hier noch einsame Seen und Zeltplätze.

beachten wir jeden Abend penibel die Verhaltensregeln in Bärengebieten. Alles, was für Bären interessant sein könnte, wird in Taschen gepackt und gut hundert Meter von unserem Zelt entfernt hoch in einen Baum gehängt. Und Bären finden vieles interessant: Neben Lebensmitteln stehen auch Kosmetika oder Zahnpasta auf dem Speisezettel von Meister Petz. Mit den Tieren ist nicht zu spaßen. Immer wieder kommt es zu gefährlichen Begegnungen mit Bären. Wegrennen hilft da nicht viel: Obwohl die Tiere mit einer Größe von bis zu 2 Metern und einem Gewicht von 600 Kilo eher behäbig wirken, können sie Geschwindigkeiten von bis zu 50 Stundenkilometern erreichen. So schnell ist man selbst als Radfahrer nicht.

SPEKTAKULÄRE AUSBLICKE

Auf halber Strecke des Icefield Parkways erreichen wir das Columbia Icefield auf einer Höhe von über 2000 Metern. Es ist das größte zusammenhängende Eisfeld der nördlichen Hemisphäre. Im Hauptfeld ist das Eis stellenweise über 600 Meter dick. Dort haben mehrere große Flüsse ihren Ursprung, die in drei verschiedene Weltmeere münden: Der Columbia River findet nach über 2000 Kilometern sein Ziel im Pazifik, der Athabasca River fließt nach über 4000 Kilometern ins Nordpolarmeer und der Nelson River mündet nach fast 3000 Kilometern in die Hudson Bay und damit in den Atlantik.

Auf dem Icefield Parkway haben Karibus Vorfahrt. Karibus gehören zur Familie der Hirsche. Besonders häufig und in großer Anzahl sind sie entlang des Icefield Parkways zu sehen.

Eine Besonderheit auf dem Whistlers Campground in Jasper sind die Wapiti-Hirsche, die sich durch die Touristen nicht stören lassen und friedlich über den Campingplatz ziehen.

Radfahren auf dem Icefield Parkway ist wie radeln durch ein Freilichtmuseum: Die Straßen sind top ausgebaut, es gibt genügend Zeltplätze und Verpflegungsmöglichkeiten und alle paar Kilometer überschlagen sich die spektakulären Ausblicke. Allerdings gibt es auch einige Pässe zu überwinden: Die höchste Stelle des Icefield Parkways – der Bow Summit – liegt immerhin auf einer Höhe von 2088 Metern. Da kommt die Ausrede gerade recht, dass man bei der grandiosen Natur doch unbedingt eine Menge Fotos machen will. So halten wir manchmal alle paar hundert Meter an. Vor allem die vielen Seen mit ihren immer wieder unterschiedlichen türkisblauen Färbungen begeistern uns. Die Farbnuancen werden durch die verschiedenartigen aus den Gletschern stammenden Sedimente und die wechselnde Sättigung des Wassers mit Mineralien verursacht. Klarer Sieger in der Kategorie „spektakulärster See mit bester Fernsicht" ist der Peyto Lake, etwa 70 Kilometer nördlich des Touristenörtchens Lake Louise. Bei hochsommerlichen 25 Grad blicken wir über den türkisfarbenen See weit hinein in das Tal, das der Mistaya River gegraben hat. So traumhaft der Icefield Parkway bei schönem Wetter ist, so unangenehm kann er – besonders für Radfahrer – bei schlechtem Wetter sein. Auch im Hochsommer sind Temperaturstürze von mehr als 20 Grad an einem Tag keine Seltenheit und ein plötzlicher Schnee-Einbruch ist auch im August nichts Ungewöhnliches ...

Einer der schönsten Wanderwege der kanadischen Rockies ist der Berg Lake Trail im Mount Robson Provincial Park. Der Trail schlängelt sich entlang des Robson Rivers durch das „Tal der 1000 Wasserfälle".

Versteckte Schönheit am Boundary Lake Trail: Die Seen auf dem Icefield Parkway leuchten türkisblau. Verursacht wird die Färbung durch feine Gesteinspartikel, die im Schmelzwasser der Gletscher mitgeführt werden.

Ein Dickhornschaf auf dem Wilcox Pass Trail. Dickhornschafe sind vorwiegend Gebirgsbewohner. Man findet sie von Nordamerika bis hinunter nach Mexiko.

In Nordamerika gehört es zur täglichen Pflicht, Vorsicht vor Bären walten zu lassen. Wir sind zu Gast im Land der Bären. Sie sind stärker, und wer ihre Regeln nicht einhält, zieht den Kürzeren.

Nach langem Anstieg erreichen wir den Sunwapta Pass auf 2030 Meter Höhe in der Nähe des Athabasca Glacier, einem Ausläufer des Columbia Icefields. Uneingeschränkt ist der Icefield Parkway die Traumstraße Nr. 1 des kanadischen Westens.

Von der Kammhöhe des Wilcox Pass Trails hat man einen wunderbaren Ausblick auf den Athabasca Glacier. Der Gletscher gehört zum 325 Quadratkilometer großen Columbia Icefield.

Spirit Island mitten im Maligne Lake ist das Fotomotiv schlechthin im Jasper-National-park. Der See liegt nördlich von Jasper und endet in einem Kessel aus Bergen und Glet-schern – gleich einem Sitz der Götter. Durch das Gletscher-wasser steigt die Wassertem-peratur des Sees das ganze Jahr nie über vier Grad Celsius.

Links Mitte:

Dickhornschafe auf dem Wilcox Pass Trail. Von der Kammhöhe des Wanderwegs aus hat man faszinierend schöne Ausblicke auf die glitzernden Weiten des oberen Columbia Icefields, dem größten zusammenhängenden Eisfeld der nördlichen Hemisphäre.

Links unten:

Der Saskatchewan River führt im Hochsommer nur wenig Wasser mit sich. Eingerahmt von einer dramatischen Bergkulisse genießen wir die wunderbar ausgebaute Radstrecke.

Unten:

Knapp drei Kilometer lang ist der Pyto Lake. Er liegt auf circa 2000 Metern Höhe inmitten von dichten Klefernwaldern und wird von einer Endmoräne aufgestaut. Wie bei allen anderen Seen am Icefield Parkway ist auch hier die Farbe des Wassers bedingt durch die Sedimente aus den umliegenden Gletschern ein tiefes Türkis.

Oben:

Vancouver: Die 2,4 Millionen Einwohner zählende Perle liegt am Pazifik, eingebettet zwischen den Ausläufern der Costal Mountains und der Strait of Georgia. Nach gut 4000 Kilometern auf dem Fahrrad bietet die Stadt für uns eine gute Gelegenheit, unsere Vorräte aufzufrischen, die Räder zu überholen und nach Wochen in der Natur Großstadtleben zu genießen.

Rechts:

Vancouver ist für uns die attraktivste Stadt Kanadas. Strände, zahlreiche grüne Parks, das Küstengebirge und der Pazifik prägen das Stadtbild. Am Canada Place starten oder beenden zahlreiche Kreuzfahrtschiffe ihre Touren durch die Gewässer Alaskas und durch die Inside Passage.

Links:
Die Grenze zwischen den US-Staaten Washington und Oregon wird markiert durch den Columbia River. Von seiner Quelle im Columbia Icefield in den kanadischen Rocky Mountains mündet er nach mehr als 2000 Kilometern Länge hier in den Pazifik. Ihn überspannt eine über sechs Kilometer lange Brücke zwischen Astoria in Oregon und Point Ellice im Washington State.

Unten:
„Heceta Head Lighthouse" kurz hinter dem Carl G. Washburne Memorial State Park in Oregon ist einer von vielen Leuchttürmen an der Westküste der USA. Mittlerweile dient der Leuchtturm neben seiner eigentlichen Funktion noch als Museum und Bed-&-Breakfast-Unterkunft.

Oben:
Wie verlorene Spielzeuge
eines Riesen liegen große
Felsen in einer Bucht beim
Cape Sebastian, Oregon. Die
Küste Oregons ist für Radfahrer
ein Traum – jedoch ein anstrengender. Der Highway 101
führt direkt am Pazifik entlang, es stehen viele schweißtreibende Steigungen an.

Rechts:
Wenige Kilometer über dem
Küstenörtchen Florence
tummeln sich Hunderte von
Seelöwen in der Brandung
und in angrenzenden Höhlen.
Man hört und riecht die Tiere
schon von Weitem. Der Kalifornische Seelöwe (Zalophus
californianus) bevorzugt Sandstrände und entfernt sich selten weit von der Küste. Sie
gelten als die elegantesten
und schnellsten Robben. Bei
einem Exemplar wurde schon
mal eine Geschwindigkeit
von 40 Stundenkilometer
gemessen.

Links:
Blick von unten in die
Baumkronen der riesigen
Redwoods im Norden
Kaliforniens. Die Redwoods
können über 2000 Jahre alt
und 120 Meter hoch werden.
Doch nicht nur Alter und
Höhe der Redwoods sind
rekordverdächtig, auch ihr
Umfang. Manche Bäume
haben einen Durchmesser
von bis zu zehn Metern.

Unten:
Angesichts der Größe und
des Alters der Redwoods
radeln wir andächtig durch
die „Avenue of the Giants",
einer Allee durch alte
Redwood-Bestände im
Norden Kaliforniens.

DRIVING DOWN
THE ONE-O-ONE

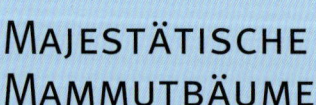

Mitte links:
Die mehr als 3000 Kilometer lange Küstenstrecke von der kanadischen zur mexikanischen Grenze ist für Radfahrer perfekt ausgeschildert. Es gibt spezielle Radreiseführer für die Pazifikküste der USA und eine große Anzahl von Radkarten, viele davon kostenlos in den Visitor Centern. Verfahren ist hier fast ausgeschlossen!

Mitte rechts:
Immer der Küste entlang: Der Pacific Coast Highway gilt als einer der schönsten Roadmovies der USA. Die Strecke ist rau, weit und wild. Meeresblick Tag für Tag, steile Felsküste, an deren Klippen sich gigantische Wogen donnernd brechen, Leuchttürme, die sich an steinige Hänge schmiegen, das muntere Gebell von Seehunden, der gleitende Flug von Pelikanen, Sonnenuntergänge wie im Bilderbuch und wohlklingende Städtenamen – die Pazifikküste geizt nicht mit ihren Reizen.

Unten:
In der Nähe von Winema Beach in Oregon empfängt uns eine dichte Nebelwand. Küstennebel ist typisch für diese Region. Häufig liegt die Küste und damit der Highway 101 im dichten Nebel.

California: Coole Beach-Boys und Bikini-Girls? Palmen, Sandstrände und easy going? Fehlanzeige. Kalifornien empfängt uns erst einmal mit dickstem Küstennebel. Manchmal klebt er den ganzen Tag an der Küste. Doch schon wenige hundert Meter im Landesinneren sieht es freundlicher aus und die Sonne scheint vom tiefblauen Himmel. Und meist schafft es die Sonne auch noch rechtzeitig vor ihrem Untergang, den Küstennebel zu vertreiben. Statt Zwanzig-Uhr-Nachrichten heißt unser allabendliches Programm: Sonnenuntergang anschauen!

Der Highway 101 entlang der Pacific Coast von Nordamerika ist eine der Traumstraßen für Radfahrer. Mendocino, San Francisco, Big Sur, Santa Barbara, Malibu Beach und L.A. – wer gerät da nicht ins Schwärmen? Entlang der Küste treffen wir viele, viele Radreisende. Abends tauschen wir uns immer fleißig aus. Man hat den Eindruck, dass es eine richtige „Bike-Community" gibt. Jeder kennt jeden und weiß Neuigkeiten von Leuten, mit denen man vor einigen Tagen den Zeltplatz geteilt hat.

Obwohl wir in Kalifornien sind, dem Staat, in dem die Computer-Industrie zu Hause ist und gerade das „in" ist, was man wohl erst in zwei Jahren in Deutschland kaufen

kann, kommen wir entlang unserer Route des Öfteren in kleine Orte, wo die Zeit stehengeblieben zu sein scheint. In den kleinen Tante-Emma-Läden gibt es noch Musik-Kassetten zu kaufen und das Regal mit der größten Auswahl ist das mit Kautabak. Solche Läden ziehen uns magisch an. Und umgekehrt sorgen Fahrradfahrer – so wie wir, vor allem mit unserer langen Tour – hier immer für Gesprächsstoff.

Der Highway 101 ist für Radfahrer zwar perfekt ausgebaut – überall findet man Bike-Shops, Biker-Zeltplätze, gut ausgeschilderte Bike-Routen – doch darf man die Tour nicht unterschätzen, cruisen ist nicht angesagt. Streckenweise ist sie recht gebirgig und dadurch anstrengend zu fahren. Unzählige Abfahrten hinunter auf Meereshöhe mit anschließenden Anstiegen zehren an den Kräften und können die Motivation schon mal ins Wanken bringen.

MAJESTÄTISCHE
MAMMUTBÄUME

Wir übernachten oft in State Parks. „Hiker-Biker-Campgrounds" nennen sich die Plätze, die nur für Radfahrer und Wanderer reserviert sind. Auf einem Hiker-Biker-Platz über-

Die Küstenlandschaft in Oregon ist rau. Es weht ein ständiger Wind vom Meer her.

Der Highway 101 an der Westküste in Washington State empfängt uns mit Dauerregen. Kein Wunder, denn wir sind im regenreichsten Gebiet der USA. Es regnet sechsmal so viel wie in Deutschland. Selbst mit der besten Regenkleidung sind wir abends durch und durch nass.

nachten wir auch in den Redwoods. Dort findet man die wohl ältesten lebenden Geschöpfe der Erde. Bis zu 2000 Jahre alt und bis zu 120 Meter hoch werden die Bäume. Was die schon alles erlebt haben: Christi Geburt, die Unterzeichnung der Magna Carta oder die Erfindung der elektrischen Zahnbürste. Man fährt ehrfürchtig durch die Urwälder mit den Riesen entlang des Weges. Ein Jammer, dass nur noch vier Prozent des ursprünglichen Bestandes übrig geblieben sind. Als die Siedler die Redwoods im 18. Jahrhundert entdeckten und als besonders wertvoll befanden, wurden die meisten Bäume Opfer der Säge. Dass es noch urwäldliche Bestände gibt, verdanken wir einer der ersten Umweltorganisationen der USA, die sich in den Fünfzigerjahren für den Schutz der Bäume eingesetzt hat.

Vor einer Spezies sei noch gewarnt: Waschbären. Die diebischen Kerle (doppelt so groß wie Katzen) haben es auf alles abgesehen, was irgendwie fressbar scheint. Sie kommen einfach jede Nacht, egal ob Sommer- oder Winterzeit. Wir erwischen sie bei ihrem nächtlichen Überfall auf unsere Essenstasche und können nur mit Glück verhindern, dass sie auf Nimmerwiedersehen verschwindet.

Die Schweizer Florian, Rebekka und Chan sind mit ihren Rädern auf einer Reise um die Welt. Zu zweit sind sie im Herbst 2001 in der Schweiz gestartet und nach einer vierjährigen Babypause in Vancouver nun zu dritt unterwegs. Zusammen fuhren wir etliche Kilometer und verbrachten viele gemeinsame Abende auf Zeltplätzen.

Schräge Vögel auf dem Highway 101. Besonders in Oregon und Kalifornien treffen wir auf viele Exoten. Das Motorrad dieses Bikers hängt übervoll mit allem, was die Straße so zu bieten hat: Felle von überfahrenen Tieren, Souvenirs und jede Menge Stofftiere.

Der Küstenmammutbaum in den sogenannten Redwoods in Kalifornien zählt zu den besten Nutzhölzern. Die Gründe sind seine außergewöhnlichen Dimensionen, die Dauerhaftigkeit und Astreinheit des Holzes sowie seine technischen Eigenschaften. Die Borke wird bis 30 Zentimeter dick, sodass die Bäume gut gegen Waldbrände geschützt sind.

San Francisco – die Traumstadt an der Westküste der USA. Die Golden Gate National Recreation Area an der Nordseite der Brücke ermöglicht einen ersten Eindruck von der Skyline der Metropole und der umliegenden Bay Area.

Kochen, Essen und das Beobachten von Sonnenuntergängen, das ist für mehrere Wochen unser Standardritual. Nicht nur wir scheinen wie elektrisiert vom Anblick des täglichen Naturschauspiels: Dutzende von Pelikanen tummeln sich in der Nähe von Westport in der Hoffnung auf den großen Fang zum Einbruch der Nacht.

Links:
Im Süden von Oregon liegt malerisch der Harris Beach State Park direkt am Pazifik. Noch schöner als der Sonnenuntergang sind dort die heißen und kostenlosen Duschen. Nach einem anstrengenden Radtag eine Wohltat.

Unten:
Dieser Anblick wird nie langweilig: Abendrot in der Nähe von Westport, Nordkalifornien.

Oben:
Die Golden-Gate-Brücke ohne Nebel – ein seltenes Bild, denn über San Francisco legt sich auch im Sommer und Herbst häufig der Küstennebel. Nach über 6000 Kilometern in den Beinen ein ganz besonders großartiger Anblick für uns. Das Wahrzeichen der Stadt – die 1937 eingeweihte Golden Gate Bridge – überspannt die San Francisco Bay.

Rechts:
Die Brücke bekam eher durch einen Zufall ihre rotbraune Farbe – International Orange genannt. Nach Plänen der US-Navy sollte sie schwarzgelb gestreift werden. Doch das Orange der Rostschutzfarbe gefiel den Einwohnern von San Francisco. Da sich der erdige Orangeton gut vor der Kulisse der umgebenden Hügel und Berge machte, beschloss der damalige Bürgermeister, die Farbe der Brücke so zu belassen. Das Streichen ist ein Never-Ending-Job: 25 Personen verpinseln Woche für Woche mehr als 3000 Liter Farbe.

Ganz links:
Ratter, ratter, quietsch: Die Cable Cars ächzen seit 1873 über die steilen Straßen der rund 865 000 Einwohner zählenden Metropole San Francisco und sind wichtiger Bestandteil des öffentlichen Nahverkehrs. Mittlerweile sind jedoch nur noch drei Linien in Betrieb, die von Touristen wie Einheimischen gleichermaßen verehrt werden.

Links:
Tradition und Moderne liegen in San Francisco dicht beieinander. Von Chinatown – einem der größten Chinesenviertel außerhalb Chinas, sind es nur wenige hundert Meter bis in den Financial District mit einem weiteren Wahrzeichen der Stadt, dem Wolkenkratzer „Transamerica Pyramid".

Unten:
San Francisco ist berühmt für seine vielen und steilen Hügel. Bei Steigungen von bis zu 30 Prozent ist für Fahrradfahrer – auch ohne Gepäck – Schieben angesagt.

Unten:

Entlang des Highway 1 in Kalifornien finden sich viele alte Leuchttürme. Manche von ihnen dienen mittlerweile als Jugendherberge, wie zum Beispiel das Pigeon Point Lighthouse, circa 70 Kilo- meter südlich von San Francisco. Der 30 Meter hohe Leuchtturm ist einer der höchsten Leuchttürme der USA. Mit ein wenig Glück kann man vom Gelände aus Wale im Pazifik beobachten.

Rechts oben:

Der Highway 1 schlängelt sich südlich von Monterey entlang der wilden Küste Kaliforniens. Im zentralen Bereich zwischen San Francisco und Los Angeles gehört er sicherlich zu einer der schönsten Fahrradstrecken der USA, wenn nicht der Welt. Die Küstenlandschaft ist abwechslungsreich: einsame, palmengesäumte Strände, steile Felsen und Klippen, Wellen, die gegen hohe Granit- felsen branden, Dünenland- schaften und dichte Wälder. Radfahrer kommen hier nur langsam voran: Zu oft muss man anhalten und die grandiose Natur bestaunen.

Rechts Mitte:
„Guckt mal, ich kann auch ohne Hände und Füße", scheint der kleine Kalifornische Seelöwe uns zurufen zu wollen. Die vielen kleinen Felsen entlang der Küste dienen den Seelöwen als willkommener Ruheplatz zum Sonnenbaden.

Rechts unten:
Besonders im Süden Kaliforniens findet man noch viele Zeugen der spanischen Kolonialzeit im 18. Jahrhundert. Die Mission in Santa Barbara ist eine der eindrucksvollsten und wird auch als „Königin unter den Missionskirchen" bezeichnet.

Links:
So stellt man sich Kalifornien vor – Palmen, Strand und „easy living": Cruisen entlang des Pazifiks am Huntington Beach im Großraum Los Angeles. Radfahrer fallen hier nicht auf, körperliche Betätigung gehört für die Südkalifornier zum Tagesprogramm.

Unten:
Die Canyons im Südwesten der USA sind eine besondere Märchenwelt aus Stein. Dabei ist der Bryce Canyon in Utah gar kein Canyon im eigentlichen Sinne, sondern eher ein natürliches Amphitheater, das durch Erosion entstand. Auf einer Höhe zwischen 2400 und 2700 Metern entfaltet die Landschaft besonders bei tief stehender Sonne ein fast unwirkliches Farbenspiel aus rosaroten, gelben und weißen Farbtönen.

Oben:
Als die Mormonen Mitte des 19. Jahrhunderts als erste Weiße in den Zion Canyon vordrangen, waren sie von seiner Schönheit so hingerissen, dass sie ihn nach der Himmelsstadt Zion benannten. Der Virgin River, ein Zufluss des Colorado Rivers, hat in mehr als 170 Millionen Jahren zusammen mit starker Erosion einen tiefen Canyon geformt.

ZENTRALAMERIKA

Hitzeresistent muss man sein, wenn man durch Zentralamerika mit dem Fahrrad reisen möchte. Und zudem geruchsunempfindlich. Viele Tiere leben – und sterben – auf den Straßen, der Anblick eines Tier-Skelettes am Straßenrand ist nicht unüblich. Die Grenze zwischen den USA und Mexiko ist der größte kulturelle Bruch auf dem amerikanischen Doppelkontinent. Zwar nähert sich, besonders auf der Baja California, Mexiko immer mehr den USA an, doch mit dem Grenzübertritt ändert sich vieles: Essen, Sprache, Kultur, und die Straßen werden enger. Je weiter südlich man reist, desto abenteuerlicher wird die Panamericana. In Ländern wie Guatemala, El Salvador, Honduras und Nicaragua sind die Spuren der Bürgerkriege Ende des letzten Jahrhunderts noch immer nicht vollständig vernarbt, aber besonders in Nicaragua liegt Aufbruchstimmung in der Luft. Verschont geblieben von den Wirren eines Krieges ist Costa Rica. Doch so schön das Land auch ist, so schwierig ist dort das Reisen mit dem Fahrrad. Costa Rica ist – im Vergleich zu seinen Nachbarländern – ein wohlhabendes Land, viele Costa-Ricaner haben ein eigenes Auto und verstopfen damit die kleinen und engen Straßen. Panama ist stark geprägt durch den Panamakanal, aber der Reichtum, den die Kanaleinnahmen bringen, kommt auch hier nicht bei der Landbevölkerung an.

Die mexikanische Halbinsel Baja California hängt wie ein dünner, knochiger Finger am US-Bundesstaat Kalifornien. Sie ist 1300 Kilometer lang – und damit länger als der italienische Stiefel – und zwischen 45 und 170 Kilometer breit. Die trockene Halbinsel bietet Radlern viel Raum, relativ wenig Verkehr und eine für Wüstenzonen gute und recht dichte Infrastruktur.

Unten:
Gluthitze im Sommer und das nie ferne Meer haben auf der Baja California eine einzigartige Wüstenlandschaft von bizarrer Schönheit geschaffen. Charakteristisch für die Baja ist die außerordentliche Kakteenvielfalt. Manche von ihnen, wie zum Beispiel der gigantische Cardón-Kaktus, schaffen es bis zu einer Höhe von 20 Metern und können bis zu 1000 Liter Wasser speichern.

Rechts oben:
In Mexiko ist vieles anders – unter anderem auch das eine oder andere Straßenschild. Dieses hier erfreut sich zumindest bei männlichen Verkehrsteilnehmern hoher Aufmerksamkeit.

Rechts Mitte:
Die Straßenverhältnisse auf der Baja sind für Radfahrer optimal – wenn auch manch dicht vorbeibrausender LKW einen beherzten Sprung in den Straßengraben erfordert. Genügend Wasservorräte müssen aber immer im Gepäck sein, auf den kakteengesäumten Straßen gibt es kaum Schatten. Die Hauptstraße gen Süden führt meist durch ausgedehnte Kakteen- und Sukkulentenwälder.

Rechts unten:
Einige kleinere Gebirgszüge durchziehen die Baja California, schweißtreibende Anstiege für Radler. In den Höhenlagen der Baja kann es selbst im Sommer nachts empfindlich kalt werden. Zelten ist kein Problem, in der Nähe von Ortschaften gibt es Zeltplätze, oder man sucht sich ein einsames Plätzchen inmitten der Wüste. Nachts sollte man jedoch vor dem Aufstehen immer prüfen, ob sich nicht vielleicht ein Skorpion in den Schuhen ein neues Zuhause gesucht hat.

Oben:
Die Catedral de Nuestra Señora de La Paz im Herzen von La Paz, Mexiko, der Hauptstadt der südlichen Provinz Baja California Sur. Die Stadt ist der wichtigste Verbindungshafen zum mexikanischen Hauptland. Wir verbringen hier Weihnachten unter Palmen bei 27 Grad.

Rechts:
Mariachi-Bands spiegeln die mexikanische Lebensfreude wider, vor allem in den Musikkneipen, den „peñas", greifen sie Abend für Abend in die Saiten. Musik gehört zum Alltag, liegt den Mexikanern im Blut.

Seite 60/61:
Das Meer ist auf der Baja California nie weit. Am Golf von Kalifornien ist das Wasser klar und türkisfarben und so besonders zum Tauchen und Schnorcheln geeignet. Die Attraktion an der Pazifikküste in der Nähe des staubigen Ortes Guerrero Negro sind Grauwale, die im Winter hier ihre Jungen zur Welt bringen.

Links:
Ein typisches mexikanisches
Straßenrestaurant. Mexiko
bietet eine der abwechs-
lungsreichsten Küchen der
Welt. Zum Standard gehören
Frijoles (Bohnenmus), jede
Menge Soßen (Achtung:
scharf) und natürlich vor
allem Tortillas, das Grund-
nahrungsmittel. Angeblich
vertilgt jeder Mexikaner bis
zu 1700 Tortillas pro Jahr.
Kein Wunder, dass es im
Jahre 2008, als der Maispreis
deutlich gestiegen war, zu
Massendemonstrationen in
Mexiko kam.

Unten:
Die Kathedrale auf dem
Zócalo, dem Marktplatz von
San Cristóbal de las Casas,
im Süden Mexikos. Die
158 000 Einwohner zählende
Stadt im mexikanischen
Bundesstaat Chiapas ist dank
ihres kolonialen Stils und
der besonderen Atmosphäre
auf über 2000 Metern Höhe
der Touristenmagnet im
Süden Mexikos.

Pelikane trifft man an der Pazifikküste Zentralamerikas überall, besonders viele jedoch in der Nähe von Fischerdörfern. Die Tiere wirken aufgrund ihrer Größe manchmal etwas unbeholfen, sind aber hervorragende Fischer und können ohne Pause mehr als 20 Stunden ununterbrochen fliegen und dabei bis zu 500 Kilometer zurücklegen.

Die einfachste Fangmethode der Pelikane ist es, am Ufer zu warten, bis früh morgens die mit dem Fang der Nacht vollbeladenen kleinen Fischerboote an Land kommen. In dem allmorgendlichen Trubel fällt für die bis zu 150 cm großen Vögel immer etwas ab.

Oben:
Unzählige Fischerboote
liegen an den Stränden von
Puerto Escondido im Süden
Mexikos. Tagsüber wird der
Strand nur von sonnenhung-
rigen Touristen bevölkert, am
späten Nachmittag jedoch
kommt Leben auf: Dutzende
Fischer machen ihre Boote
für den nächtlichen Beutezug
im Pazifik klar, kurz nach
Sonnenuntergang fahren sie
alle aufs offene Meer hinaus.

Links:
Schon vor Sonnenaufgang
stehen viele Einheimische am
Strand von Puerto Escondido
und warten auf das Eintreffen
der Fischerboote. Ruckzuck
verwandelt sich der Strand
in einen Fischmarkt. Nachdem sich die Einheimischen
eingedeckt haben, landet
der Rest des Fangs auf dem
Wochenmarkt.

ZENTRALAMERIKA: HITZE – MÄRKTE – ABENTEUER

Mitte:
Seit vielen hundert Jahren ist Chichicastenango in Guatemala das Handelszentrum der Indigenas. Heute entwickelt sich der Landmarkt vor der Santo-Tomás-Kirche immer mehr zu einer touristischen Attraktion. Trotzdem ist der Markt nach wie vor ein wichtiger Bestandteil im Leben der Bevölkerung. Hier verhandeln drei Marktfrauen in ihren typischen bunten Trachten über den Preis eines Huhnes.

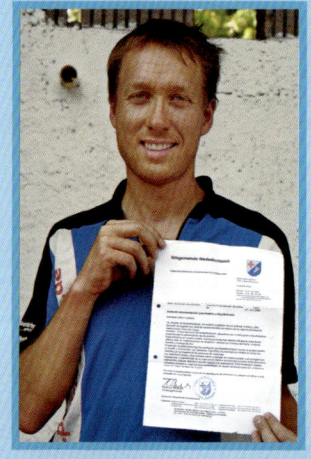

Oben:
Hilfreich ist in Zentralamerika an Grenzen und bei Kontrollen ein Empfehlungsschreiben des heimischen Bürgermeisters auf Spanisch. Je mehr große Stempel und Unterschriften, desto besser.

Rechts:
Radfahren in Zentralamerika ist nicht immer einfach, tagsüber klettern die Temperaturen nicht selten auf über 50 Grad (in der Sonne). Nachts scheinen uns schon 30 Grad angenehm kühl. Der Schweiß fließt in Sturzbächen an uns herunter, täglich trinken wir bis zu acht Liter Flüssigkeit.

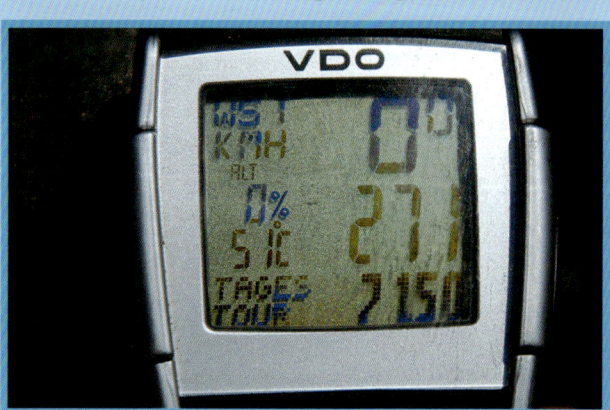

Was wir schon spüren, sehen wir nun auch schwarz auf weiß auf unserem Fahrradcomputer: Die Mittagshitze Zentralamerikas treibt das Quecksilber auf schweißtreibende 51 Grad in der Sonne. Wir können gar nicht so schnell Flüssigkeit nachschütten, wie wir verlieren. Acht Liter ist unser Tagespensum. Das Kräftezehrende sind jedoch nicht nur die hohen Temperaturen am Tag. Anstrengender empfinden wir die Temperaturen nachts. 30 Grad gelten schon als erfrischend. Immer häufiger suchen wir uns abends Pensionen mit Klimaanlage. Wenn das Gerät auch meist nicht funktioniert – alleine der Glaube versetzt Berge. So attraktiv die Länder Zentralamerikas auch sind – die Temperaturen machen Radfahren zu einer echten Herausforderung. Dabei hatten wir einen ganz anderen Gegner erwartet: den Straßenverkehr – oder genauer gesagt Henker am Lenker. Viel hatten wir vor der Reise über rücksichtslose LKWs, betrunkene Busfahrer und schlechte Straßen gehört. Zwar würden jedem TÜV-Beamten die Haare zu Berge stehen angesichts der notdürftig zusammengehaltenen Fahrzeuge, der bis auf die Felgen abgefahrenen Reifen oder der chronischen Überladung vieler Busse in Zentralamerika – doch die Straßen sind meist gut ausgebaut und die Ver-

kehrsdichte ist, sieht man mal von Städten ab, gering. Das liegt vor allem an der Armut in fast allen Ländern Lateinamerikas. Kaum ein Normalbürger hat das Geld, sich ein eigenes Auto zu kaufen. Wenn man irgendwohin muss, dann mit dem Bus, zu Fuß, per Rad oder Ochsenkarren.

Guatemala ist eines der ärmsten Länder Zentralamerikas. Das Bruttosozialprodukt beträgt gerade mal ein Prozent desjenigen von Deutschland. So verwundert es auch nicht, dass der Weg vieler Kinder vorgezeichnet ist: Sie müssen schon in frühen Jahren arbeiten gehen, um zum Unterhalt der Familie beizutragen. Hauptgrund für die Armut mancher Länder Zentralamerikas sind die Bürgerkriege, die die Länder bis in die Neunzigerjahre heimgesucht haben. Zaghaft entwickeln sich nun diese Länder und werden mehr und mehr vom Tourismus entdeckt. Die Zeiten, in denen Reisen durch Zentralamerika sehr gefährlich waren, sind vergangen. Trotzdem ist Vorsicht angebracht. Gerade vor Guatemala warnen uns andere Radreisende. Die Touristenzentren sind zwar allesamt sicher, aber entlang der Panamericana gibt es noch einige „Hot Spots" in denen die organisierte Kriminalität den Ton angibt. Wir gehen auf

Nummer sicher und organisieren uns an der Grenze von Mexiko nach Guatemala eine Polizei-Eskorte. Einige Tage fahren sie – mit Maschinengewehr bewaffnet – dicht hinter uns her; für uns ein Gefühl der Sicherheit, für die Polizisten eine gelungene Abwechslung ihres Alltags.

In Guatemala steigt die Panamericana auf fast 3500 Meter an. In Autoabgase gehüllt strampeln wir die Berge hoch, auf unserer Haut bildet sich ein schmieriges Gemisch aus Schweiß, Ruß und Sonnencreme. Um den Abgasen – das Wort „Rußpartikelfilter" gibt es in Zentralamerika nicht – einigermaßen zu entgehen, kaufen wir uns Atemschutzmasken, so wie man sie in Deutschland beim Streichen von Wänden verwendet. Anders als in Nordamerika sind auch die Einkaufsmöglichkeiten, die vor allem in entlegenen Gebieten begrenzt sind. Manch ein kleiner Laden hat außer verstaubten Konserven nur leere Regale zu bieten. Kein Wunder, denn besonders auf dem Land sind die meisten Menschen Selbstversorger. Und der Supermarkt heißt hier noch Wochenmarkt. Das bunte und quirlige Treiben auf den Märkten Guatemalas ist eine Faszination für Augen, Ohren und Nase.

Ein häufig genutztes Transportmittel in El Salvador sind selbst gebastelte „Holzschlitten". Der Fahrer packt seine Siebensachen auf den Schlitten und saust damit den Berg hinunter. Verkehrssicherheit oder Airbag sind Fremdwörter.

Umweltverschmutzung und Armut gehören in Zentral- und Südamerika zum Alltag. Viele Menschen suchen nach Verwertbarem im Müll, auch Tiere finden ihre letzte Ruhestätte oft am Rande der Straße.

Kinderarbeit gehört zum Alltag in Lateinamerika. Die UN schätzen, dass mehr als sechs Millionen Kinder unter 13 Jahren regelmäßig arbeiten müssen, wie hier ein Junge in Chichicastenango, einem Hochlanddorf Guatemalas.

Mit einem Empfehlungsschreiben, durch Hartnäckigkeit oder mit Hilfe anderer Radfahrer ist eine Polizei-Eskorte schnell organisiert – und auch recht preiswert: Man zahlt nur Benzin, Essen und Unterkunft für die Polizisten.

Mini-Tienda: Der etwas andere „Supermarkt" an einer Straße im Hochland Guatemalas. Die Öffnungszeiten sind flexibel und mit ein bisschen Glück findet der Betreiber auch eine Konserve oder ein paar Nudeln.

Auf den Wochenmärkten, hier in Guatemala, wird alles angeboten, was man zum Leben braucht. Sie sind aber auch wichtige Nachrichtenbörsen, es wird getratscht, gefeiert und palavert, was das Zeug hält.

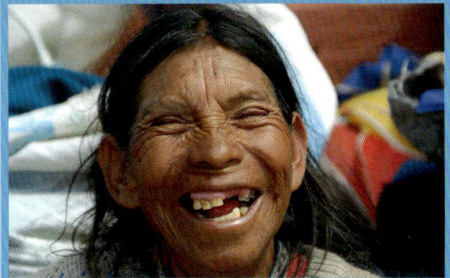

Lachen hält jung: Eine Marktfrau auf dem Sonntagsmarkt in San Juan Chamula im mexikanischen Bundesstaat Chiapas. Viele Menschen in Zentralamerika sind arm – aber ihre Lebensfreude ist ungebrochen.

Kinder auf dem Markt von Chichicastenango, Guatemala. Das Marktleben gehört fest zum Alltagsleben der Indigenas. Hier tummelt sich Jung und Alt.

Rechts:
Ein Geier hält auf einem Cardón-Kaktus irgendwo in Mexiko Ausschau nach Fressbarem. Eine Handvoll Geier dicht beieinander ist ein sicheres Zeichen, dass dort ein größeres Tier verendet sein muss.

Mitte:
Costa Rica ist bekannt für seine vielfältige Flora und Fauna. Mehr als ein Viertel des Landes stehen unter Naturschutz. Mit etwas Glück sieht man Tukane direkt von der Straße aus. Mit ihren langen, schweren Schnäbeln fragt man sich, warum sie nicht vornüberkippen...

JEDE WOCHE EIN ANDERES LAND

Die Länder Zentralamerikas sind nahezu alle relativ klein: Guatemala, El Salvador, Honduras, Nicaragua, Costa Rica, Panama. Fast schon im Wochenturnus wechseln wir mit unseren Rädern die Grenzen. Häufig drücken sich einige windige Personen an der Grenze herum, doch ansonsten läuft alles nach dem gleichen Schema: Beamte in Uniform mit meist riesigen Sonnenbrillen sitzen vor den Bildern ihrer jeweiligen Staatspräsidenten und drücken ehrfurchtgebietend und mit staatstragender Miene in den Reisepass einen Stempel, der mit einer kunstvoll verschnörkelten Unterschrift an Bedeutung noch gewinnt. Vor den Büros der Grenzbeamten hat uns dann das wahre Leben schnell wieder: Wir werden umzingelt von Geldwechslern. Was bei uns der EC-Automat ist, sind in den Ländern Zentralamerikas Personen mit Bündeln von Geldscheinen in den Taschen. Der Wechselkurs wird wie auf dem Markt durch Feilschen festgelegt. Für uns eine praktische Sache, kommen wir doch immer schnell an die Landeswährung – zwar nicht zu den besten Kursen, dafür aber mit einem hohen Unterhaltungswert.

Costa Rica empfängt uns mit dichtem Wald. Durch die Bäume fliegen Papageien und Tukane, während einer Pause schimpft ein Brüllaffe auf uns ein, der hoch über uns in einem Baum sitzt und unter mancher Brücke lauern Krokodile auf Beute. Für uns wird das Naturparadies Costa Rica auch ein kulinarisches Paradies, denn nach neun Monaten unterwegs ist unsere Sehnsucht nach gewohnter

Rechts:
Augen auf bei der Wahl des Zeltplatzes. Krokodile bevölkern nahezu jeden größeren Fluss an der Pazifikküste Costa Ricas. Manche von ihnen werden bis zu sieben Meter lang. Kein Wunder, dass sie von den Maya und Azteken als Götter verehrt wurden.

deutscher Kost groß: So gibt es auch kein Zögern, als wir das Schild „Deutsche Bäckerei" sehen. Kurze Zeit später sind unsere Mägen vollgeschlagen und die Packtaschen wieder gefüllt. Deutsches Brot. Ein Traum.

Ein Land und einige hundert Kilometer weiter nähern wir uns einem vermeintlichen Höhepunkt unserer Reise. Wir sind kurz vor Panama-Stadt und können sie schon von weitem sehen, die „Puente de las Americas". Diese weltberühmte Brücke überspannt den Panamakanal und ist für uns die Klammer zwischen Nord- und Südamerika. Sie mit dem Fahrrad zu überqueren – ein bewegender Gedanke. Wir fahren auf die Brücke, Gänsehautfeeling stellt sich ein, nach 13 710 Kilometern wollen wir sie überqueren. Doch unsere Stimmung wird jäh durch zwei Polizisten zerstört, die uns die Überfahrt verwehren. Ihre Begründung: Es sei Irak-Krieg, Osama bin Laden sei überall und überhaupt könnten wir in unseren Packtaschen ja Bomben haben um damit den Panamakanal zu zerstören. Alle Überredungskünste helfen nichts – wir werden mit unseren Rädern auf einen LKW ver-laden und müssen unwürdig die „Puente de las Americas" auf der Pritsche eines Trucks überqueren. Auf Wiedersehen Zentralamerika – Willkommen Südamerika.

Oben:
Die Ruinen von Palenque. Eingebettet in den tropischen Regenwald, gehören sie zu den eindrucksvollsten Maya-stätten Mexikos und dürften selbst überzeugte Ruinen-muffel begeistern. Die Schreie von Brüllaffen schal-len aus dem feuchtheißen Dschungel, man fühlt sich wie Indiana Jones.

Links oben:
Eine deutsche Bäckerei – in Costa Rica keine Seltenheit. Viele Deutsche haben sich dieses Land mit den vielen Naturschönheiten als Wahl-heimat ausgesucht.

Links Mitte:
Ein einsamer wilder Zeltplatz irgendwo in der Kakteenwüste auf der Baja California in Mexiko. Atemberaubend sind die Nächte: Milliarden von Lichtern funkeln am Himmel und die Stille in der Wüste erfasst alle Sinne.

Links:
Manchmal ist die Panamericana eine sechsspurig ausgebaute Autobahn, manchmal aber auch eine kleine bucklige Schotterpiste mit verrosteten Brücken, wie hier an der Pazifikküste in Costa Rica. Lange Rüttelpartien zehren dabei an Material und Nerven.

Wahrsagung auf Guatemaltekisch: Für ein paar Quetzal zieht ein Vogel eine Karte – und schon weiß man, was die Zukunft bringen wird. Die Bevölkerung Zentralamerikas ist zwar überwiegend katholisch, aber ein bisschen Aberglaube darf ruhig sein.

Blumenverkäufer auf dem Sonntagsmarkt in Chichicastenango, Guatemala. Der Ort liegt im zentralen Hochland Guatemalas auf 2000 Meter Höhe und war im alten Königreich der Maya ein wichtiges religiöses und politisches Zentrum.

Oben:
Exotische Gerüche wabern von den Garküchen des Sonntagsmarkts in Chichicastenango, Guatemala. Alles was sich nicht wehrt, wird gekocht, gebrutzelt oder frittiert. Wenn man westliche Anforderungen an Hygiene außer Acht lässt, wird der Gaumen reich belohnt.

Bilder links:
Impressionen vom Sonntagsmarkt in Chichicastenango, Guatemala: Der an jedem Donnerstag und Sonntag stattfindende Markt an der Kirche Santo Tomás ist der Größte in Mittelamerika und zieht neben Händlern und Käufern aus Guatemala sehr viele Touristen an. Dabei dürfen religiöse Andenken auf keinem Markt in Zentralamerika fehlen. Kartoffeln und – bei besonderen Anlässen Hühnchen – gehören neben Bohnen und Tortillas zum Hauptnahrungsmittel der Guatemalteken.

Links:
Ein noch aktiver Vulkan südlich von Antigua, Guatemala. Zentralamerika zählt zu den vulkanisch aktivsten Gebieten der Erde, es gibt noch gut 300 aktive Vulkane. Die meisten davon speien aber nur Rauch und Dampf und sind beliebte Wanderziele für Touristen.

Unten:
Sonnenuntergang an der Pazifikküste El Salvadors. Einige Strände, wie hier zum Beispiel in der Nähe von Punta Roca, sind Geheimtipps für Surfer.

Oben:
Der Grenzübergang zwischen El Salvador und Honduras. Wie an allen Grenzübergängen Zentralamerikas herrscht reges Treiben der Geldwechsler vor und hinter dem Schlagbaum. Grenzübergänge sind für Radfahrer mittlerweile jedoch unproblematisch.

Die Straßen Zentralamerikas
sind besser als ihr Ruf. Zwar
gibt es sie, die vollgestopf-
ten, engen Pisten, die aus
einer Aneinanderreihung von
Schlaglöchern bestehen,
doch meist sind die Straßen
mit Hilfe von Entwicklungs-
geldern aus Europa oder den
USA gut ausgebaut und es
herrscht außerhalb der Städte
wenig Verkehr. Radfahren
wie hier in Nicaragua wird so
zum Vergnügen.

Eine typische Tankstelle im
Norden Nicaraguas. Links der
Tankwart, daneben die Fässer
mit Diesel und Benzin.

Als Folge des Bürgerkrieges am Ende des letzten Jahrhunderts und der immer noch weitverbreiteten Armut leben weite Teile der ländlichen Bevölkerung Nicaraguas in sehr einfachen Verhältnissen. Solche Hütten bieten in der nächsten Hurrikansaison keinen Schutz.

Granada, die alte Kolonialstadt am Lago Nicaragua, hat seinen lateinamerikanischen Charme erhalten. Sie ist die drittgrößte Stadt Nicaraguas. Die 1529 erbaute Kathedrale gilt als eine der wichtigsten Kolonialkathedralen Zentralamerikas.

Die Tierwelt Costa Ricas ist reich und vielfältig. Viele exotische Tiere kann man einfach vom Straßenrand aus beobachten.

Rechts:
Aras, eine Papageienart, sind besonders gut in den Morgen- und Abendstunden zu sehen.

Rechts:
Brüllaffen schimpfen auf uns ein, während wir eine kleine Pause am Straßenrand machen.

Ganz rechts:
In den Regenwäldern finden sich viele exotische Frosch-arten, wie zum Beispiel der Rotaugenfrosch oder der Gladiatorfrosch. Einige davon sind giftig, haben zum Beispiel eine toxische Haut.

Rechts:
Der sogenannte Blue Jeans Frog ist nur wenige Zenti-meter groß. Sein Gift wurde von den Indigenas früher bei der Jagd verwendet. Man findet ihn hauptsächlich im Tortuguero-Nationalpark.

Ganz rechts:
Bis auf wenige Meter kann man sich mit einem Kanu den Krokodilen Costa Ricas nähern. Zwar können sie auch für Menschen gefährlich werden, doch meistens flüchten sie, wenn ein Boot zu nahe kommt.

76

Oben:
Costa Rica zeigt sich von seiner grünen Seite. Der Natur- und Waldschutz wird in Costa Rica inzwischen als wichtiger Bestandteil der staatlichen Umweltpolitik angesehen. Große Flächen des in den Siebzigerjahren durch Holzfäller stark dezimierten Regenwaldes konnten sich erholen. Heute sind mehr als 50 Prozent des Landes von Wald bewachsen und Öko-tourismus ist ein wichtiger Wirtschaftszweig. Jährlich kommen mehr als 1,5 Millionen Touristen, um dieses Naturparadies zu bewundern.

Links:
Der Tukan entstammt der Familie der Spechte. Insgesamt gibt es 43 verschiedene Unterarten von Tukanen. Sie kommen überall in den tropischen Regionen Zentral- und Südamerikas vor. Besonders einfach sind sie jedoch in Costa Rica zu sehen. Einige Tukane sind schon an Touristen gewöhnt und fressen fast aus der Hand. So muss man sich die wohlverdiente Banane manchmal teilen …

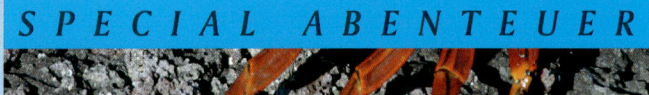
GALÁPAGOS – DIE ARCHE NOAH IN GEFAHR?

Mitte:
Die rote Klippenkrabbe ist charakteristisch für die Galápagos-Inseln. Zu Tausenden bevölkern sie kleine Felsen direkt am Meer.

Der Blick aus dem Fenster des Flugzeugs präsentiert uns, worauf wir uns schon so lange gefreut haben: karg und bizarr ragen die Schildvulkane des Galápagos-Archipels aus den Fluten des Pazifischen Ozeans. Galápagos – das sind rund 120 Inseln unterschiedlicher Größe. Sie liegen, vom südamerikanischen Festland fast 1000 Kilometer und gut zwei Flugstunden entfernt, direkt am Äquator und gehören zum Staatsgebiet von Ecuador. Den Namen verdankt der Archipel den hier lebenden Riesenschildkröten.

Durch die Einwirkung der Meeresströmungen unterscheidet man auf Galápagos zwei Jahreszeiten. Von Januar

Die Galápagos-Inseln sind vulkanischen Ursprungs. Die tektonische Nazca-Platte, auf der die Inseln liegen, wird durch die Bewegung der Erdplatten Richtung Westen gedrückt und bewegt sich dabei über eine Magma-kammer, die auch heute noch Inseln entstehen lässt. Die ältesten Inseln befinden sich im Osten der Inselgruppe und werden in wenigen tausend Jahren vom Meer verschluckt. Jünger sind hingegen die Inseln auf der Westseite, wie zum Beispiel die Insel Isabela mit dem Vulkan Sierra Negra.

Ein roter Flamingo auf der Isla Isabela. Die Tiere fühlen sich auf ausgedehnten, flachen, schlammigen Stränden, in Salzseen oder in Meeresbuchten besonders wohl und fischen Insekten, Schrimps und andere Krustentiere aus dem Wasser.

bis Juni, wenn der Panamastrom warmes Wasser bringt, ist Regenzeit. Das Klima ist gemäßigt bis subtropisch, die Luftfeuchtigkeit erträglich. Die Lufttemperaturen liegen bei durchschnittlich 27 Grad, die Wassertemperaturen betragen etwa 25 Grad. Die Trockenzeit dauert von Juli bis Dezember. Die Temperaturen der Luft liegen bei durchschnittlich 21 Grad, die Wassertemperaturen können bis auf unter 20 Grad fallen.

Aufgrund der Isolation vom Festland sind hier viele Pflanzen und Tiere endemisch. Für den Artenreichtum sorgt der kühle nährstoffreiche Humboldtstrom. Ein Ende der Existenz von Galápagos ist jedoch abzusehen. Mit der Geschwindigkeit eines wachsenden Fingernagels schieben sich die Inseln in Richtung südamerikanisches Festland und werden in einigen Millionen Jahren darunter abtauchen. Im Westen der Inseln ist jedoch für Nachschub gesorgt: Durch starke vulkanische Aktivitäten entstehen dort neue Eilande. Die Pflanzen- und vor allem Tierwelt ist beeindruckend: Hunderttausende Iguanas (Leguane), sowohl Meeres-, als auch Landschildkröten mit bis zu 400 Kilogramm Gewicht und einem Alter von bis zu 150 Jahren, Blaufußtölpel und Pinguine und viele, viele mehr.

Besonders beeindruckend sind die Ausflüge mit kleinen Booten zu abgelegenen Inselchen und das Schnorcheln in

den Buchten. Wir spielen im Wasser mit Seelöwen – oder besser gesagt sie mit uns, sehen Meeresschildkröten unter uns tauchen und können sogar mit einem circa 10 Meter großen Pilotwal schwimmen. Ein ehrfürchtiger Anblick, einem Wal so nahe zu sein.

An Land machen wir einen Ausflug mit Pferden zu einem der noch aktiven Vulkane und laufen im Krater des Volcán Chico umher. Eindrucksvoll ist die größte Caldera „Sierra Negra", mit einem Durchmesser von 10 mal 8 Kilometern. Eine Caldera (spanisch: „Kessel") ist eine kesselförmige Struktur vulkanischen Ursprungs.

Doch so paradiesisch Galápagos auch ist: Hier hat der Mensch ganz schön viel Unheil angerichtet und tut es auch heute noch – durch unerlaubtes Fischen wird dem einzigartigen Lebensraum rund um Galápagos großer Schaden zugefügt. Mehrere Schildkrötenarten wurden sogar komplett ausgerottet. Von einer Unterart gibt es nur noch einen Überlebenden: Lonesome George. Er fristet sein Dasein in der Charles Darwin Station. Alle Versuche, für ihn die passende Frau zu finden, schlugen bisher fehl.

Seit 1978 stehen die Inseln auf der UNESCO-Liste des Weltnaturerbes. 1996 kam es zur Ausrufung des Marine-Reservats Galápagos durch das Instituto Ecuatoriano Forestal de Areas Naturales y Vida Silvestre.

Wie Wesen aus einer anderen Welt: Iguanas-Echsen. Sie werden bis zu 1,30 Meter lang und ernähren sich vorwiegend von Algen. Als wechselwarme Tiere können sie nur eine begrenzte Zeit auf Futtersuche im kalten Meer verbringen. Danach müssen sie sich wieder an der Sonne aufwärmen. Für Menschen sind die Tiere ungefährlich.

Hunderttausende von Iguanas bevölkern die Galápagos-Inseln. Zur Plage und Gefahr werden Wildkatzen und Hunde, die der Population der Iguanas zusetzen.

Auf den Galápagos-Inseln leben auch eine Vielzahl kleinerer Reptilien, wie zum Beispiel die circa 20 Zentimeter lange Lava-Echse.

Die Galápagos-Pinguine gibt es – wie der Name schon sagt – nur auf den Galápagos Inseln. Die Kolonie kommt nur auf 1200 Exemplare und ist vom Aussterben bedroht. Der kalte Humboldtstrom führt eiskaltes, aber sehr nährstoffreiches Wasser aus der Antarktis heran, sodass auch Pinguine genügend Futter finden.

Am vorgelagerten Felsenriff Tintoreras trifft man auf unzählige Weißspitzenhaie. Sie halten dort ihren Mittagsschlaf ab, in einer Felsrinne sind sie von den Strömungen rund um die Inseln geschützt.

Der unbestrittene Star der Galápagos-Inseln sind die Riesenschildkröten. Einige Prachtexemplare bringen bis zu 400 Kilogramm auf die Waage und können 150 Jahre alt werden. Elf verschiedene Unterarten der Riesenschildkröten leben auf den Galápagos Inseln, die meisten davon sind endemisch.

Abendstimmung an einem Strand in der Nähe von Quepos in Costa Rica.

Viele Strände Costa Ricas sind mittlerweile über Hotels und andere touristische Infrastrukturen wirtschaftlich erschlossen oder im Besitz von ausländischen Investoren. Einsame Strandabschnitte finden sich jedoch noch viele, wie hier in der Nähe des Marino-Ballena-Nationalparks an der südlichen Pazifikküste.

Die Puente de las Americas überquert den Panamakanal in der Nähe von Panama-Stadt. Wir dürfen die Brücke nur in einem LKW überqueren. Ein Polizeibeamter hatte Angst, dass sich in unseren Packtaschen Bomben befinden – schließlich seien die Amerikaner ja im Krieg gegen den Terror.

Die Miraflores-Schleusen am berühmten Panamakanal. Die Schiffe sparen durch den nur 81 Kilometer langen Panamakanal einen Umweg von knapp 20 000 Kilometern um Kap Hoorn an der Südspitze Südamerikas. So wundern uns die enormen Transferkosten von bis zu 200 000 US-Dollar pro Durchfahrt nicht. Jährlich passieren mehr als 14 000 Schiffe – mit knapp sechs Prozent des weltweiten Warenverkehrs beladen – den Kanal.

SÜDAMERIKA

Radfahren in Südamerika ist extrem vielseitig – aber auch anstrengend. Über teils holprige Schotterpisten quält man sich auf mehr als 4000 Meter hohe Andenpässe, gefolgt von steilen Abfahrten, um am anderen Ende des Tals wieder den nächsten Pass zu erklimmen. Nicht viel anders sind die Küsten. An der Küste Perus und Chiles wartet eine extrem lange Küstenwüste auf die Geduld eines jeden Radfahrers. Dennoch findet man in Südamerika die spannendsten Gegenden der Panamericana: Wüsten, Hochgebirge, tiefer Amazonas-Dschungel, die Gletscher-Welten Patagoniens gepaart mit bunten Märkten, faszinierenden Kulturen und gastfreundlichen Menschen. Wer mit dem Fahrrad durch Südamerika reisen möchte, muss aber vor allem eines mitbringen: viel Zeit.

Die Anden sind mit einer Länge von 7500 Kilometern die längste Gebirgskette der Erde. Im Nordwesten Argentiniens fallen sie von der Hochebene des Altiplanos in Richtung Osten stark ab, von 3800 Meter geht es durch die Quebrada de Huamahuaca schnell auf 500 Meter Höhe hinunter.

Auf riesigen Plantagen werden die Bananen in Ecuador angebaut und geerntet. Ecuador ist der weltweit größte Exporteur von Bananen. Fast jede dritte Banane weltweit kommt von hier, es gibt über 100 verschiedene Sorten.

Pro Staude werden 150 bis 200 Bananen geerntet. Die Plantagen arbeiten in Kooperativen und nehmen im Schnitt pro Banane sechs Cent ein. Für uns Radfahrer ist sie unterwegs der Energielieferant Nummer eins.

Gereinigt und sortiert, werden die noch grünen Bananen in Kartons verpackt. Erst in Übersee wird die Reife mit Hilfe von Etylen-Gas in Gang gesetzt und die Bananen werden gelb.

Dutzende Männer und Frauen sortieren und säubern auf einer Plantage Bananen. Fertig verpackt treten die Bananen in Kühlcontainern ihre weite Reise in die USA oder nach Europa an.

Bei den Huaorani-Indianern im Amazonasgebiet

Auf den Galápagosinseln lernen wir eine Familie kennen, die seit ein paar Jahren in Ecuador am Rande des Regenwaldes lebt und arbeitet. Von ihnen erhalten wir eine Menge Informationen über das Leben der Ureinwohner und verspüren einmal mehr den Wunsch, dorthin zu reisen, denn Ecuador hat den vermeintlich einfachsten Zugang zum Amazonas-Gebiet. Ursprünglich hatten wir geplant, mal wieder „Strecke zu machen", doch an einer Kreuzung – links geht es in Richtung Amazonas-Regenwald, rechts weiter auf der Panamericana – entschließen wir uns kurzerhand, zu den Indianern zu fahren. In Baños, einem der letzten touristischen Orte vor dem Dschungel, organisieren wir einen Guide. Er besorgt uns die notwendigen Genehmigungen der Huaorani-Verwaltung, ohne die wir den Ort nicht besuchen können und kauft Lebensmittel und Ausrüstung für die fünftägige Tour ein.

Von Baños fahren wir erst einmal per Rad durch eine abenteuerliche Schlucht, durch viel Matsch und Regen nach Shell Mera. Dieser Ort wurde vor gut 50 Jahren von der Erdölgesellschaft Shell gegründet, als im ecuadorianischen Regenwald Öl gefunden wurde. Heute wird der kleine Flug-

platz von Missionaren und Ölgesellschaften genutzt. Außer ein paar Häusern und einer Landebahn gibt es dort nicht viel. Wir chartern einen Flieger, der uns zu den Huaorani-Indianern bringen soll. Am nächsten Morgen um 10 Uhr soll es eigentlich losgehen, doch das Wetter macht uns einen Strich durch die Rechnung. In Toñampare, unserem Ziel, regnet es. Kein Wunder – wir wollen ja in den Regenwald. Stunde um Stunde werden wir vertröstet. Dann, um 16 Uhr, ist es endlich so weit. Wir werden samt Gepäck gewogen, steigen mit unserem Guide in die kleine Maschine und starten in den Dschungel. Ein mulmiges Gefühl beschleicht uns, haben wir doch von den Huaoranis schon so einige Geschichten gehört. Die ersten fünf weißen Missionare, die

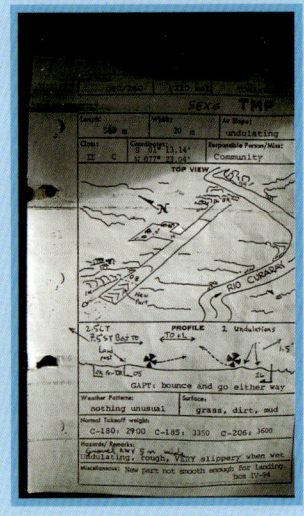

Oben:
Gottvertrauen ist Grundvoraussetzung: Unser Pilot macht einen selbstbewussten Eindruck, er scheint seinen eigenhändig gemalten Flugplan auswendig zu kennen.

Rechts:
Die von uns gecharterte Maschine ist die große Attraktion im Huaorani-Dorf Toñampare. Sehr selten kommt Besuch – und wenn doch, meist auf Pfaden durch den Dschungel.

Ganz rechts:
Blick aus dem kleinen Flugzeug. Die letzten Straßen verschwinden, unter uns sind nur noch Wasserwege, ein mulmiges Gefühl, denn nun gibt es kein Zurück mehr.

dort in den späten Fünfzigerjahren gelandet sind, wurden mit Speeren umgebracht. Auch sonst haben die Huaorani-Indianer eine kriegerische Geschichte hinter sich.

Die Huaorani (gesprochen: Wao-Rani; bedeutet Volk oder Mensch) oder auch Huaos sind eine indigene Volksgruppe, angesiedelt in den Regenwäldern des Amazonasbeckens im Osten Ecuadors. Sie waren einst die gefährlichsten Indianer am Oberlauf des Amazonas. Für sie galt jeder Fremde als Feind, den sie auch so behandelten. Selbst innerhalb eines Dorfes konnte es zu Speerfehden kommen. Ihre einst kriegerische Haltung führte einzelne Gruppen des Stammes in die Isolierung. Heute sind die Huaorani friedlich und freundlich.

Trotzdem steigt unsere Nervosität, als kurz nach dem Start unter uns die letzten Straßen verschwinden und wir nichts weiter sehen als undurchdringlichen Regenwald. Auch unser Pilot ist sichtbar nervös, ist doch die Landebahn im Dschungel nur eine Wiese mit vielen Pfützen. Als unser Flieger zum stehen kommt, schart sich das ganze Dorf um uns und beobachtet uns neugierig.

Die Huaorani leben in Pfahlbauten, die mit Palmwedeln oder Blechdach bedeckt sind. Wir bauen unser Zelt in der kleinen Küchen-Hütte des jungen Dorflehrers Froilan auf und werden von anderen Einwohnern stürmisch begrüßt: den Moskitos. Danach besuchen wir Dayumae. Sie ist circa 1930 geboren – so genau weiß das niemand, Zeit wird hier anders gemessen – und somit nicht nur die Dorfälteste, sondern auch ein weibliches Oberhaupt des Stammes.

Sie erzählt uns, wie ihr Stamm in den frühen Sechzigerjahren langsam den Weg zum Frieden gefunden hat. Mittlerweile werden die Speere nur noch zum Jagen benutzt und schon lange tragen die Stammesangehörigen Kleidung. Nur noch zu ihrem großen Fest im Januar ziehen sie wieder die traditionelle „Kleidung" an und laufen nackt umher.

Am nächsten Morgen besuchen uns Dayumae und ihr Mann Komi in unserer kleinen Hütte. Als Gastgeschenke überreichen wir Brot und für die Kinder Süßigkeiten. Vor allem Brot ist heiß begehrt, denn das lässt sich hier im Amazonas-Gebiet nicht herstellen. Komi besieht sich neugierig unser Zelt und bietet uns zum Tausch zehn Speere

Mitte:
Nichts für Leute mit Höhenangst: Eine klapprige Seilbahn führt auf dem Weg ins ecuadorianische Amazonasgebiet über die Schlucht des Rio Verde. Im Hintergrund tost der Agoyan-Wasserfall.

Oben:
Papageien werden von den Huaorani als Haustiere gehalten. Zu nahe darf man den Tieren nicht kommen, ihre Schnäbel sind messerscharf.

Ganz links:
Um ins ecuadorianische Regenwaldgebiet zu kommen, bietet sich, vom Hochland aus, die Piste entlang des Rio Verde an, der sich eine tiefe Schlucht gegraben hat. Schon kurz hinter dem letzten andinen Hochlandort Baños fällt die Straße steil ab und dichte Vegetation bestimmt das Bild.

Links:
Gleich am ersten Tag werden wir von den Stammesältesten begrüßt. Dayumae und ihr Mann Komi freuen sich über unsere Gastgeschenke und bieten zehn Speere im Tausch für unser Zelt im Hintergrund.

dafür an. Wir lehnen dankend ab, schließlich brauchen wir unser mobiles Zuhause noch eine Weile. Nach dem Frühstück brechen wir mit den beiden und unserem Guide auf und fahren per Einbaum zu einem abgelegenen kleinen Dorf. Unterwegs legt Komi Angeln aus, die wir auf dem Rückweg wieder einholen. Richtig groß ist der Fang am Abend jedoch nicht. Kein Wunder, hatten wir doch keine Boa-Constrictor-Zähne dabei. Die sollen angeblich einen guten Fang garantieren.

Im Dschungel erklärt uns Komi eine Menge medizinischer Pflanzen und wir essen Ameisen, die nach Zitrone schmecken. Im Dorf angekommen machen wir uns nach kurzer Zeit mit Dayumae auf, um abgelegene Hütten zu besuchen. Wir sind erstaunt, wie diese alte Dame mit Rücken- und Zahnschmerzen durch den dichten Dschungel marschiert. Sie nutzt die Gelegenheit mit uns und besucht „ihr Volk". Überall bekommt sie Geschenke. Mal sind es ein paar Vögel, mal ein Fisch und immer eine große Schale Chicha. Chicha ist das Nationalgetränk. Es wird aus der Yucca-Pflanze gewonnen. Dessen Fruchtfleisch wird zerstampft, anschließend kommt mit Hilfe von Speichel ein Fermentierungsprozess in Gang. Nach zwei bis drei Tagen ist die klebrige Masse fertig, wird mit Wasser verdünnt und kann getrunken werden. Es schmeckt wie säuerlicher Joghurt – doch mit dem Wissen um den Herstellungsprozesses trinken wir nur ein paar Schlucke.

Mitte:
Mit einem Einbaum bringt uns Komi auf einem Zufluss des Amazonas zu einem benachbarten Dorf.

Überall wo Dayumae mit uns aufkreuzt, bekommen wir eine Schale mit Chicha gereicht. Das Getränk schmeckt nach Joghurt, wird aber durch einen Fermentierungsprozess mit Speichel aus der Wurzel einer Yucca-Pflanze gewonnen.

DELIKATESSE AFFE

Die traditionelle Art der Blasrohrjagd wird auch heute noch praktiziert, vor allem, um Vögel und Affen zu jagen. Affe gilt als Delikatesse bei den Huaorani. Da im Umkreis von zwei Tagesmärschen bereits alle Affen aufgegessen sind, steht er jedoch nur noch selten auf dem Speiseplan. Die Jagd ist für die Huaorani eine wichtige Grundlage für das Überleben. Neben dem Fischfang erweitert sie das Nahrungsangebot beträchtlich, denn das „tägliche Brot" ist nicht sehr abwechslungsreich und besteht hauptsächlich aus Kochbananen (von denen es allerdings ganze 42 verschiedene Sorten gibt).

Ein Bewohner zeigt uns, wie man mit einem Blasrohr umgeht. Mit einfachen Pfeilen – normalerweise werden die Pfeile vor der Jagd mit dem Gift Curare getränkt – machen wir ein paar Versuche auf eine nur wenige Meter entfernte Frucht. Wie erwartet treffen die Ureinwohner immer genau in die Mitte. Wir haben Schwierigkeiten, das gut zweieinhalb Meter lange und recht schwere Blasrohr überhaupt zu halten.

Auch heute noch gehört die traditionelle Blasrohrjagd zum Alltag der Huaorani. Wir haben schon Schwierigkeiten, das 2,50 Meter lange Gerät überhaupt zu halten.

Für die Gäste nur das Beste: Platanos (Kochbananen) mit Fisch. Praktisch ist die Spülmaschine der Huaorani, die Essensreste bleiben auf dem Teller, nachts machen sich Kakerlaken über die Reste her und morgens werden die Teller einfach nur mit Quellwasser abgewaschen.

Am Tag der Abreise ergeht es uns ähnlich wie beim Hinflug; wieder müssen wir lange warten. In der Nacht hat es stark geregnet und so steht die ganze Landebahn unter Wasser. Froilan, unser Gastgeber, saugt mit einem Schaumstoff-Schwamm mühsam das Wasser aus den Pfützen der Landebahn auf. Dann wird über Funk, der einzigen Verbindung zur Außenwelt, der Flughafen in Shell Mera kontaktiert und es gibt grünes Licht. Wir stehen auf der Wiese und warten auf unser Flugzeug. Mit uns warten auch Dayumae und all die anderen. Wie jedes Mal, wenn ein Flugzeug ankommt, ist die Spannung groß, denn jede Maschine bringt dringend benötigte Versorgungsgüter. Schnell sind unser Gepäck, der Guide und wir verladen und nach weniger als zehn Minuten hebt die kleine Maschine ab und bringt uns zurück. Nach fünf Tagen bei den Huaorani-Indianern sind wir schnell wieder zurück in der Zivilisation. Wir sind froh und dankbar darüber, dass wir diese Erfahrung machen durften, denn auch bei den Indianern hält die Zivilisation immer mehr Einzug und so wird in ein oder zwei Generationen viel altes Wissen verloren gehen.

Die Blasrohrjagd erfolgt mit dem Pflanzengift Curare. Eine Art Watte wird auf den Pfeil gesteckt und befeuchtet, danach wird der Pfeil mit dem Gift getränkt.

In jedem Haushalt gibt es ein Fläschchen mit Curare. Das Gift wird vor allem für die Jagd auf Vögel und Affen eingesetzt.

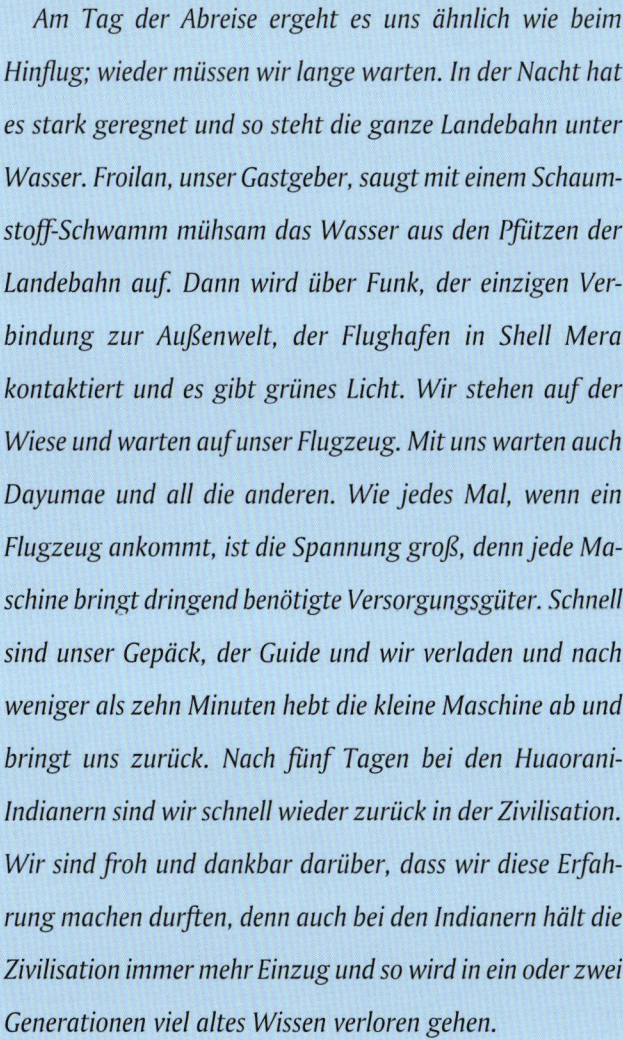

Dayumae und ihr Enkelsohn suchen den kühlenden Schatten unter einem Strohdach. Die Temperaturen und die Luftfeuchtigkeit so dicht am Äquator sind für uns Europäer schwer zu ertragen, die regelmäßigen Regenfälle bringen keine Abkühlung. Im Gegenteil: Sie scheinen nur noch mehr stichwütige Moskitos anzulocken.

Wie so oft, kommt man am schnellsten mit Kindern in Kontakt, da diese wenig Berührungsängste haben. Mittlerweile haben alle Indianerkinder vom Leben außerhalb des Regenwaldes gehört, doch die allermeisten bleiben später bei ihrem Stamm im Amazonasgebiet.

Bloß keinen Stauraum ver-
schenken: Ein LKW mit Zucker-
rohr auf der Panamericana im
Norden Perus. An der Westküste Perus gibt es nur eine
durchgehende Straße – die
Panamericana. Wir begegnen
daher vielen LKW-Fahrern,
die die „PanAm" hoch- und
runterfahren, mehrmals.
Schon von Weitem hupen sie,
was das Zeug hält, wenn sie
uns unterwegs sehen.

Die Küstenwüste Perus ist eine
staubtrockene Angelegenheit.
Auf mehr als 1700 Kilometern
ist sie unser Begleiter. Der
Humboldtstrom von der
Antarktis sorgt für extrem
trockenes Klima und jede
Menge Gegenwind, das
Durchhaltevermögen wird auf
eine harte Probe gestellt.

Wie ein unendlicher Bandwurm schlängelt sich die Panamericana durch die Küstenwüste Perus. In Teilen hat es Ende des letzten Jahrhunderts das letzte Mal geregnet. Um dem starken Südwind streckenweise zu entgehen, stehen wir schon um fünf Uhr auf, damit wir bereits im Morgengrauen bei mäßigem Wind auf der Straße sind.

Im krassen Kontrast zur Küstenwüste verläuft parallel die Cordillera Blanca mit den höchsten Bergen Perus – ein Traumziel für viele Bergsteiger aus der ganzen Welt.

MACHU PICCHU – WAS DIE SPANIER NICHT ENTDECKTEN

Mitte:
Der mystischste Moment des Tages ist der Sonnenaufgang über Machu Picchu. Doch selbst zu so früher Stunde ist man nicht alleine. Täglich besuchen Tausende von Touristen die Anlage. Die UNESCO warnt bereits davor, dass die mehr als eine Million Besucher pro Jahr irreparable Schäden anrichten können.

In Cuzco, der altehrwürdigen peruanischen Stadt auf gut 3400 Meter Höhe, beherrschen heute nicht mehr die Inkas das Straßenbild, sondern Touristen, Gringos. Während an der Küste Perus jeder Ausländer noch für genügend Gesprächsstoff am Abend sorgt, muss man in Cuzco schon fast die Peruaner suchen. Kein Wunder, liegt doch eine der größten Sehenswürdigkeiten Südamerikas – die Ruinen von Machu Picchu – in Reichweite von Cuzco. Die Stadt mit ihrer Infrastruktur und der bewegten Historie ist auch für uns ein idealer Ausgangsort, um die alten Inka-Ruinen zu besuchen. Zugleich ist sie willkommene Gelegenheit, nach Wochen auf unseren Rädern wieder ein wenig „westliche" Zivilisation und Kultur aufzusaugen.

Man sagt, Machu Picchu – in dessen Namen viel Mystisches liegt – rufe einen. Er ruft auch uns – und unsere Dollars: Nur eine vollkommen überteuerte Vier-Tages-Wanderung über den berühmten Inka-Trail oder ein ebenso überteuerter Zug führt zu den Ruinen. Wir entscheiden uns für Letzteres. Auch der Eintrittspreis mit 36 Dollar – fast einem halben peruanischen Monatslohn hier oben im andinen Bergland – ist nicht ohne. Doch den Besuch von Machu

Die Plaza de Armas in der peruanischen Stadt Cuzco mit der Kirche La Compañia. Einst schlug hier das Herz des Inka-Imperiums. Heute ist Cuzco in den Augen vieler die schönste und abwechslungsreichste Stadt Perus und aufgrund ihrer historischen Bedeutung wohl auch die interessanteste Stadt Südamerikas.

Picchu wollen wir uns auf unserer Reise durch Peru dann doch nicht entgehen lassen. Und so stehen wir neben vielen anderen Touristen morgens um 6 Uhr in der Anlage und bestaunen den Sonnenaufgang. Was die Spanier bei ihren Raubzügen durch Südamerika nicht entdeckten, wird nun von Touristen bestürmt. Der Massentourismus offenbart zunehmend seine Schattenseiten: Vor kurzem hat die UNESCO Machu Picchu auf die Liste der gefährdeten Weltkultur-Stätten gesetzt – bis zu einer Million Touristen besuchen die antike Kultstätte jedes Jahr. Deutlich zu viel, um die Substanz der Anlage hoch oben auf einem Berg nicht zu gefährden.

KULTSTÄTTE DER INKAS

Die Inkastadt liegt mitten im undurchdringlichen Urwald an der Ostseite der Anden und ist an drei Seiten von schroffen und steilen Felsen umgeben, die tief unten der wilde Fluss Urubamba umtost – eine strategisch quasi uneinnehmbare Festung. Auch heute weiß man nur sehr wenig über die historische Bedeutung von Machu Picchu. Gesichert zu sein scheint, dass Machu Picchu für die Inkas ein heiliger Ort von sehr großer Bedeutung gewesen sein muss. Die Inkas waren zu ihrer Hochzeit als Wissenschaftler und Ingenieure ihrer Zeit weit voraus. So konnten die Inkas bereits Opera-

Vom Aussichtsfelsen Putucusi hat man einen überwältigenden Ausblick auf Machu Picchu auf der gegenüberliegenden Hangseite. Die Wanderung zur Aussichtsplattform ist nichts für Leute mit Schwindelproblemen. Der Weg verläuft über Steinstufen und einige Leitern, eine davon geht mehr als 50 Meter senkrecht nach oben.

Ziel aller Besucher des Ortes Aguas Calientes ist die Festungsanlage von Machu Picchu. In der näheren Umgebung können aber auch zahlreiche andere Wanderungen unternommen werden.

Ganz links:
Nach Aguas Calientes, dem Ausgangspunkt für Wanderungen zum Machu Picchu, gelangt man am besten mit der Eisenbahn. Der Ort Aguas Calientes lebt zu 100 Prozent vom Tourismus. Hier kann man – inmitten des peruanischen Regenwaldes – sogar Schnitzel bekommen oder Cappuccino trinken.

tionen an Schädeln durchführen oder über komplizierte Bewässerungssysteme ihre Kultstätte hoch oben auf einem Berg bewirtschaften. Auch heute noch beeindruckend sind die astronomischen Fähigkeiten der Inkas. Überall in der Bauweise der Anlage findet man Hinweise auf detailliertes Wissen über bestimmte Sternenkonstellationen und die Sonnenwenden. Historiker gehen davon aus, dass die Kultstätte im 14. Jahrhundert von Mitgliedern des Inka-Königreiches aufgebaut wurde und über immense Reichtümer verfügte. Der Ruf von Machu Picchu blieb auch den Spaniern während ihrer Südamerika-Kreuzzüge nicht verborgen – doch fanden sie die Inka-Stätte nie. Erst im Jahre 1911 wurde Machu Picchu durch Zufall von dem amerikanischen Archäologen Hiram Bingham wiederentdeckt. Ihm verdankt heute eine Vielzahl von Touristen einen der Höhepunkte jeder Südamerikareise.

Vom Aussichtsberg Waynapicchu hat man einen perfekten Überblick über die sehr gut erhaltenen Häuser und Mauern der Anlage. Die Bevölkerung von Machu Picchu konnte sich über sogenannte „hängende Gärten" selbst versorgen. Wasserleitungen führten quer durch die Stadt.

Blick in die Calle Hatunrumiyoc in Cuzco, dem einstigen Mittelpunkt des Inkareiches. Die Mauer des ehemaligen Palastes des Inka-Königs Roca ist ein Beispiel für die perfekte Kunst, selbst große Steine ohne Fugen zusammenzusetzen.

Auf der Fahrt zum Altiplano im Grenzgebiet zwischen Peru und Bolivien. Nur noch wenige Kilometer bis zum höchsten Pass unserer Reise, dem mit 4312 Meter hohen Abra la Raya. Aufgrund der Höhe ist die Luft dünn und klar.

Früh übt sich, wer einmal die Panamericana befahren möchte. Das Leben auf dem Altiplano ist geprägt von Landwirtschaft. Der Großteil der Bevölkerung versorgt sich selbst.

Lamas, Alpakas, Guanakos: Die Kleinkamele der Anden beobachten jeden Fremdling neugierig. Sie werden – besonders das Alpaka – wegen ihrer Wolle gehalten. Lamas dienen dagegen vorwiegend als Lasttiere, sie können bis zu 25 Kilo tragen.

Kinder auf dem Altiplano. Als Altiplano wird die Hochebene auf durchschnittlich 3800 Metern Höhe bezeichnet, die sich über 1000 Kilometer zwischen Peru und Bolivien hinzieht. Sie ist ohne natürlichen Abfluss.

Seite 96/97:
Die dünne Luft auf dem Altiplano sorgt für gute Fernsicht – aber auch für bitterkalte Nächte. Ist man einmal auf der Höhe angekommen, gewöhnt sich der Körper recht schnell an die dünne Luft. Beim Aufstieg muss man jedoch genügend Zeit zur Akklimatisierung einplanen – sonst droht die Höhenkrankheit.

SALAR DE UYUNI – GRÖSSTER SALZSEE DER ERDE

Mitte:
In der Mitte des Sees ist das Salz zwar hart wie Beton, aber insbesondere am Rand gibt es zahlreiche Salzpfützen. Die salzverkrustete Felge meines Rades braucht dringend eine Wäsche.

Unten und ganz unten:
Ein weiteres Etappenziel ist geschafft! Der Salar wirkt auf uns wie aus einer anderen Welt. Zum Glück haben wir einen Kompass dabei und können uns so orientieren. Hier braucht man ein frei stehendes Zelt. In den harten Salzboden bekommt man keinen Hering.

Einmal auf dem Salar de Uyuni – dem größten Salzsee der Erde – zu fahren, darauf freuen wir uns schon seit Wochen. Doch um zu dem Salzsee in der äußersten südwestlichen Ecke Boliviens zu kommen, müssen wir erst einmal die Straßen auf dem bolivianischen Altiplano, dem Hochplateau Perus und Boliviens auf gut 3600 Meter, überwinden. Die Straßen dort sind für Radfahrer gewöhnungsbedürftig. Rund um größere Ortschaften schön geteert, gehen sie schnell in staubige Pisten über, je näher wir dem Salar kommen: Trotz Rückenwind können wir teilweise nur 10 Kilometer pro Stunde fahren: Wellblechpiste, so weit das Auge reicht. Zudem ist die Strecke sehr versandet, wir müssen unsere Räder oft durch tiefen Sand schieben und zerren. Einige Flüsse sind zu queren, das bedeutet, Schuhe aus, Socken aus, Hose hochkrempeln und das Rad barfuß durch das eisige Wasser schieben. Auch die parallele Bahnstrecke ist keine wirkliche Alternative, denn auch hier ist überall tiefer Sand. Irgendwann hört die Piste ganz auf, jeder sucht sich seine eigene Fahrspur auf dem topfebenen Altiplano. Ein

mühsames Unterfangen. Doch den Lohn für die Strapazen können wir schon in der Ferne sehen: Glitzernd weiß liegt er da, der Salar de Uyuni.

Am nächsten Tag ist es endlich soweit. Wir rollen mit unseren Rädern auf den See. Die riesige Salzpfanne ist etwa 140 Kilometer lang und 120 Kilometer breit und somit die größte Salzfläche der Erde. Nach Niederschlägen in der Regenzeit zwischen Dezember und Februar läuft die Salzfläche voll Wasser. Da der Salar jedoch keinen natürlichen Abfluss hat und die Niederschlagsmengen im äußersten Südwesten Boliviens sehr gering sind, verdunstet das Wasser nach mehreren Wochen und hinterlässt eine harte Kruste aus Salz. So entstehen überall auf dem See aufgrund der chemischen Struktur von Salz die typischen Hexagone. Zwischen 2 und 30 Meter dick ist diese Salzschicht und so fahren auch Autos, ja sogar LKWs und Busse über den Salzsee, als sei es eine Betonpiste. Dennoch ist Vorsicht angebracht: Auf der Salzfläche treten vielfach „ojos" (Augen) auf, blubbernd-glucksende Salzquellen von unterirdischen Wasserläufen, die durch die Salzkruste brechen. Und am Rande des Sees steht die eine oder andere Pfütze, die es mit dem Rad zu durchqueren gilt. Wie aggressiv das Salz ist, merken wir

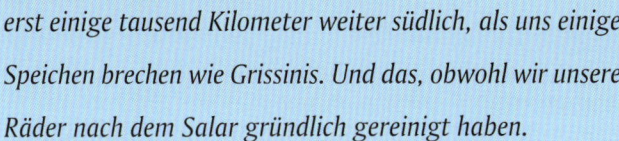

erst einige tausend Kilometer weiter südlich, als uns einige Speichen brechen wie Grissinis. Und das, obwohl wir unsere Räder nach dem Salar gründlich gereinigt haben.

ENDLOSES WEISS

Es ist ein unbeschreibliches Gefühl, mit unseren Rädern über den Salar zu rollen. Schnell sind wir mitten auf dem schier endlosen Weiß. Es knistert unter unseren Rädern. Wir rollen einfach dahin. Das Würzen unseres Abendessens ist schnell erledigt: Einmal hinter sich greifen und schon ist die Suppe versalzen.

Jetzt – in der Trockenzeit – ist es kein Problem, dem Salar mit dem Fahrrad einen Besuch abzustatten. Wichtig sind jedoch ein extrem guter Sonnenschutz und ein Kompass. Denn in der Unendlichkeit des Sees verliert man schnell die Orientierung. Auf unseren Kompass können wir uns verlassen – leider auch auf die uns prophezeiten niedrigen Temperaturen in der Nacht: 5, 4, 3, 2 – kurz nach Sonnenuntergang können wir zusehen, wie das Thermometer in eisige Tiefen fällt. Nachts haben wir bis zu -15 Grad. Eine Tüte Milch, die wir irgendwo in einem Laden ergattert haben und die sonst ein sicherer Kandidat für den Kühl-

schrank ist, findet ihren Platz in unseren Schlafsäcken. Morgens ist unser Zelt außen und innen tief gefroren. „Alles an" ist die Devise und so liegen wir mit allen Kleidern inklusive Regensachen in unseren Schlafsäcken.

Die außerirdisch anmutende Landschaft begeistert nicht nur uns. Der Salar de Uyuni gehört mittlerweile zu den Haupt-Attraktionen für Touristen im Hochland Boliviens. Das Salz ist nicht nur schön anzusehen, sondern auch eine Einnahmequelle: Bis zu 20 000 Tonnen werden jedes Jahr abgebaut und rund um die Welt verkauft. Doch der größte hier vorkommende Bodenschatz wird zum Glück noch nicht ausgebeutet: Schätzungsweise 75 Prozent des derzeit bekannten Weltvorkommens an Lithium lagern im Salar.

Unser nächstes Etappenziel ist der Ort Uyuni, eine kleine, windige und kalte Stadt am Rande des Salars. Schon oft haben wir von der Pizzeria Minuteman gehört: Der großen Liebe wegen ist der Amerikaner Chris nach Uyuni gezogen und backt nun die beste Pizza Südamerikas und andere Leckereien. Als wir Uyuni am Nachmittag erreichen, riecht es schon draußen nach Gebäck. Es gibt Schokoladenkekse. Und was für welche. Frisch aus dem Backofen. Bolivien ist ein schönes Land.

Ganz oben links:
Unzählige Dampfloks und Waggons rosten außerhalb des am Rande des Salars gelegenen Örtchens Uyuni auf dem „Cementerio de Trenes" vor sich hin. Mit dem Aufkommen der Dieselloks war die Ära der Dampfloks auch in Bolivien beendet, man hat sie hier einfach abgestellt und überlässt sie sich selbst.

Ganz oben:
Charakteristisch für den Salar ist die Struktur der Oberfläche. Sehr gut kann man die Sechsecke erkennen – die kristalline Struktur von Salz.

Oben links:
Das steinharte Salz auf dem See abzubauen, ist zu schwierig. Deshalb wird das am Rand des Sees feuchte Salz zu Kegeln aufgeschichtet und, nachdem es getrocknet ist, auf LKWs abtransportiert.

Oben:
Weitaus schwieriger ist es, Blöcke aus dem Salz zu schneiden. Sie werden am Rande des Salars im Örtchen Colchani gelagert und warten hier auf ihren Abtransport.

Die Menschen auf dem Altiplano leben vorwiegend von der Landwirtschaft. Die Versorgung für Radfahrer ist gewährleistet, wenn auch nicht ideal. Kioske oder kleinere Märkte findet man in vielen kleinen Orten.

Die schneebedeckten Gipfel der Cordillera Real – auch Königskordillere genannt – überragen den Titicaca-See, den mit 3800 Metern höchstgelegenen schiffbaren See der Welt. Der Titicaca-See ist dreizehnmal so groß wie der Bodensee, die Region um den See wird als Ursprungsgebiet des Kartoffelanbaus gesehen.

La Paz, Bolivien: Die höchst-
gelegene Großstadt der
Welt mit über 2 Millionen
Einwohnern liegt in einem
Talkessel auf einer Höhe zwi-
schen 3100 und 4100 Metern.
Von El Alto, dem Armenviertel
am Rande des Altiplano, rasen
wir mit halsbrecherischem
Tempo hinab ins Zentrum der
Stadt. Wer bremst, verliert ...

Auf den versandeten Waschbrettpisten im Südwesten
Boliviens ist es sehr mühsam, voranzukommen. Nicht
viel einfacher ist es, auf der
Bahnstrecke zu radeln, aber
hier können wir uns wenigstens nicht verfahren. Wir sind
auf einige anstrengende Tage
eingerichtet und schleppen
über 20 Liter Wasser mit.

Links oben:
Felsen im Rausch der Farben:
Die Quebrada de Humahuaca
im Nordwesten Argentiniens
gehört zum Weltkulturerbe
der UNESCO. Auf dem Weg
vom bolivianischen Altiplano
hinunter in die argentinische
Pampa durchqueren wir die
Schlucht.

Links Mitte:
Weinanbau rund um Cafayate in Argentinien. Wein gehört zu den Exportschlagern Argentiniens.

Links unten:
Ein etwas anderer Einkaufsladen im Norden Argentiniens. Mit solchen mobilen Läden wird ein Großteil der Bevölkerung im Nordwesten Argentiniens versorgt. Unsere Ausbeute für die nächsten Tage: Gemüse und 40 Brötchen.

Oben:
Endlich mal eine Kurve! Nach 70 Kilometern gibt es sogar eine Kreuzung gratis mit dazu. Ein solches Ereignis sorgt am Abend im Zelt für viel Gesprächsstoff. Die Straßen in der argentinischen Pampa sind endlos lang.

BUNTE MÄRKTE SÜDAMERIKAS

Lateinamerikas Märkte sind ein Rausch an Farben, Gerüchen und Geräuschen und immer Treffpunkt für die ganze Region. Hier gibt es alles, was man zum Leben braucht – oder auch nicht. Um den Zauber der Märkte zu verstehen, ist jedoch frühes Aufstehen vonnöten. Schon vor Sonnenaufgang bauen emsige Hände an festgelegten Tagen im Handumdrehen eine Vielzahl von Marktständen auf und ruckzuck nimmt ein Stimmenwirrwarr, das Feilschen und der Austausch von Neuigkeiten und Gerüchten seinen Lauf. Die Menschen strömen, bepackt mit Waren, aus der nahen und fernen Umgebung zu den Marktständen. Die alte Inka-Sprache Quechua ist dabei genauso oft zu hören wie Spanisch oder das Englisch der Touristen.

Mitte:
Bunte Getreide-Farbpalette auf einem südamerikanischen Markt.

Rechts:
Musik und farbenfrohe Trachten sind fester Bestandteil eines jeden Festes. Hier ein Umzug in Ayaviri in der Region Puno, Peru.

Ganz rechts:
Koka-Blätter werden auf den Märkten von Peru und Bolivien überall angeboten. Koka ist das „tägliche Brot" der Armen und hilft gegen Hunger, Kälte, Müdigkeit und sogar gegen die Höhenkrankheit. Damit die Substanzen ihre Kraft entfalten können, müssen die Blätter mit Hilfssubstanzen (zum Beispiel Kalk oder Pflanzenasche) gekaut werden.

Uns kommt es oft so vor, als werden die Märkte umso farbenfroher und lebendiger, je rauer der Alltag oder die Umgebung ist. Es gibt Textil-, Obst- und Gemüsemärkte, Fleisch- und Wurstmärkte oder Ramsch-, Schwarz- und Diebesmärkte – meist kommt alles zusammen. Manchmal findet man dabei durchaus auch einige exotische Dinge: Auf dem Hexenmarkt in La Paz in Bolivien zum Beispiel werden Lamaembryos feilgeboten. Glück sollen sie bringen und Leid abhalten, wenn sie in die Ecken von Häusern eingemauert werden. Wir schlagen nicht zu, denn unser Zelt hat keine Ecken. Kräuter, Heilpflanzen und Elixiere gegen jede Art von Gebrechlichkeit und Krankheit gehören hingegen zum Standard-Angebot eines jeden ordentlichen Marktes. Im Hoch-

Obst und Gemüse bringt Kraft fürs Rad-fahren. Die Auswahl an Gemüse auf den Märkten ist umfangreich, vielseitig und preiswert noch dazu.

Handwerkskunst für Touristen in Peru. Besonders in der Nähe von Touristenzentren, wie zum Beispiel Cuszo in Peru, tummeln sich oft mehr Touristen auf den Märkten als Einheimische. In krassem Kontrast dazu stehen die vielen kleinen Wochenmärkte irgendwo im „Nirgendwo", die kaum von Touristen besucht werden.

land der Anden kann man überall Koka-Blätter erwerben, als Genussmittel oder für medizinische Zwecke. Das Kauen der Blätter ist hier seit Jahrhunderten weit verbreitet. Es hilft, Hunger, Müdigkeit und Kälte zu verdrängen und ist sehr wirksam gegen die Höhenkrankheit, die ab einer Höhe von mehr als 3000 Metern zu Problemen führen kann. Die Koka-Blätter werden zusammen mit „Ilipta" gekaut, einem Gemisch aus Kalk und Pflanzenasche, das die Freisetzung der Wirkstoffe unterstützt. Das Kauen der Blätter gehört in den Anden-Ländern zum Alltag und ist dort genauso ver-breitet, wie in Deutschland das Rauchen. Ein weiterer Weg, an die Wirkung von Koka zu kommen, ist der Tee „Mate de Coca", der in Peru und Bolivien das Nationalgetränk Num-mer eins ist.

Das bunte Farbpulver zum Färben von Kleidung findet man auf fast jedem Markt, wie hier auf dem Markt in Pisaq in Peru.

Die Früchte des Feigenkaktus sind essbar und schmecken süß-säuerlich.

Es macht Spaß sich dem Treiben der Märkte hinzugeben und Proviant für die nächsten Radtage einzukaufen. Von Fleisch und anderen Frisch-Waren lassen wir zwar meist die Finger, aber Getreide, Quinoa oder Obst und Gemüse zählen zu unseren Standardeinkäufen. Gepaart mit der typischen Hochlandmusik und der farbenfrohen Kleidung der Menschen stellt sich schnell das Gefühl ein, in eine andere Zeit versetzt zu sein.

Sonntagsmarkt in Pisaq, Peru. Die Kopf-bedeckung ist ein wichtiges Unter-scheidungsmerkmal der verschiedenen Bevölkerungsgemeinschaften.

In der Nähe des Örtchens Quiquijana, das auf dem Weg zum peruanischen Altiplano liegt, warten einige indigene Frauen und Kinder auf einen Bus.

Eine Farm vor dem perfekt ge-
formten Kegel des 2526 Meter
hohen Vulkans Osorno. Im
sogenannten „Kleinen Süden"
Chiles haben sich in der Mitte
des 19. Jahrhunderts viele
Deutsche niedergelassen.
Rund um Puerto Varas findet
man noch heute Spuren deutscher Traditionen, auch die
Architektur erinnert oftmals
an Deutschland.

Der Nationalpark Nahuel-Huapi
in der Nähe der argentinischen
Stadt San Carlos de Bariloche
lädt zu ausgedehnten Wanderungen ein, vor allem rund
um den gleichnamigen See.

Die mehrtägige Fährfahrt von Puerto Montt nach Puerto Natales durch die Fjorde und Kanäle Südchiles ist ein besonderes Erlebnis. Häufig herrscht hoher Seegang und Sturm, schönes Wetter hat Seltenheitswert.

Mehrere Gletscher des patagonischen Inlandeises kalben in den Pazifik. Eisschollen treiben auf dem Meer und zwingen die „Navimag" zu langsamer Fahrt.

Eine mehrere hunderttausend
Pinguine umfassende Kolonie
von Magellanes-Pinguinen
findet man in der Nähe von
Punta Tombo an der argentinischen Atlantikküste. Die
Tiere finden hier ideale Brut-
bedingungen, als Besucher
kann man mitten durch die
Kolonie gehen.

Rund um das argentinische
Städtchen Valdez am Atlantik
kann man von Mai bis
November Hunderte von
Buckelwalen beobachten, bis
sie zu ihrer weiten Reise in
die Antarktis aufbrechen.

Links oben:
Frisch gekalbtes Gletscher-Eis
staut sich im Lago Argentino.

Links Mitte:
Die Abbruchkante ist 60 Meter
hoch. Ständig donnern mit
ohrenbetäubendem Lärm
große Eisbrocken in die Tiefe.

Links unten:
In allen Blautönen schimmert
das Eis des Perito-Moreno-
Gletschers.

Oben:
Den Gletscher Perito Moreno
mit einer Länge von 60 Kilometern und einer fünf Kilo-
ter breiten Abbruchkante am
Lago Argentino besucht man
am einfachsten von Calafate
aus. Das Mikroklima rund um
den Gletscher hält auch im
Hochsommer die Temperaturen
im Keller. Dicke Wintersachen
sind bei einem Besuch Pflicht.
Von einer Besucherterrasse
aus hat man einen optimalen
Blick auf die Abbruchkante.

Bilder rechts:

Das wechselnde Licht zaubert immer unterschiedliche Blautöne zutage. Für den Besuch des Perito-Moreno-Gletschers sollte man sich mindestens einen ganzen Tag Zeit lassen. Er ist einer der wenigen Gletscher weltweit, der noch wächst. Täglich schiebt er sich einen Meter weit nach vorne.

Alle paar Jahre kommt es zu einem besonderen Naturschauspiel: Die vorgeschobene Gletscherzunge verschließt den Abfluss eines Seitenarmes des Lago Argentinos. Ist der Wasserdruck dann zu groß, explodiert die Gletscherzunge unter den Augen von Tausenden Beobachtern.

PATAGONIEN: HEIMAT DES WINDES UND DER GAUCHOS

Mitte:
Im Süden Patagoniens schließt sich die größte Insel Südamerikas an: Feuerland. Neben Fischfang ist die Schafzucht der Haupterwerbszweig. Gauchos mit Hütehunden und riesigen Schafherden trifft man häufig.

Rechts oben:
Verkehrsstau auf Feuerland: Es dauert eine Weile, bis man sich durch eine Herde von 3000 Schafen geklingelt hat. Manche Estancias haben sogar bis zu 150 000 Tiere.

Rechts unten:
In der rauen Wirklichkeit Patagoniens wird Gastfreundschaft großgeschrieben. Wir werden von Gauchos zum Abendessen und zur Übernachtung eingeladen. Es gibt – natürlich – Schaffleisch.

Kaum ein anderes Reiseziel verbindet man so sehr mit der Sehnsucht nach Abenteuer und Abgeschiedenheit wie Patagonien. Eine offizielle Definition, wo Patagonien beginnt, gibt es nicht. Meist wird als Patagonien der gesamte südlichste Zipfel Südamerikas in Chile und Argentinien bezeichnet. Das ist immerhin ein Gebiet dreimal so groß wie Deutschland. Auch wenn Patagonien politisch zu Chile und Argentinien gehört, eigentlich gehört es nur dem Wind. Besonders weit unten im Süden verlieren sich die letzten Ausläufer der Anden in der fast baumlosen Pampa. Der Wind hat so ein leichtes Spiel. Staub dringt durch alle Ritzen, dauernd knirscht Sand zwischen den Zähnen. An manchen Tagen haben wir Schwierigkeiten, uns auf den Rädern – oder bei Wanderungen überhaupt auf den Füßen – zu halten. Praktisch: Die besonders starken Windstöße hört man wie einen Güterzug anrauschen. So bleibt wenigstens noch genügend Zeit, sich die Mütze tiefer ins Gesicht zu ziehen, um die Böe mit Würde zu ertragen. Des einen Leid, des anderen Freud: Der Kondor, mit einer Spannweite von bis zu 3,50 Metern der größte Vogel der Erde, nutzt den Wind, um stundenlang in einer Höhe von bis zu 7000 Metern über der Pampa Patagoniens zu kreisen. Ein majestätischer Anblick, dem König der Anden beim Flug zuzusehen.

Im chilenischen Teil Patagoniens geht unsere Wetterstatistik wortwörtlich den Bach runter. Der Süden ist eines der niederschlagsreichsten Gebiete der Erde. Kein Wunder, denn die riesigen Tiefdruckgebiete bleiben an den Westhängen der Anden kleben und regnen dort ab. Schirme sind in Patagonien allerdings unbekannt. Stoisch ziehen sich die Bewohner ihre Kappen tief ins Gesicht, die Menschen sind

Regen gewöhnt. Wir jedoch nicht – unsere letzten Regentage auf dem Fahrrad liegen mehr als elf Monate zurück. Trotz Plastiktüten in den Schuhen und über unseren Handschuhen – abends könnte man meinen, dass wir Schwimmhäute zwischen den Fingern bekommen. Gerade im Spätwinter sind die Regenperioden sehr ausgiebig und lange – so entschließen wir uns, den ursprünglichen Plan, entlang der Carretera Austral – einer Schotterpiste durch den chilenisch-patagonischen Urwald – nach Süden zu fahren, aufzugeben. Statt nassem Zelt buchen wir eine warme Kabine auf der Navimag, einem Cargo-Schiff, das uns in wenigen Tagen ins südliche Patagonien bringt.

DIE LETZTE ETAPPE BEGINNT

Direkt vom Schiff geht es wieder aufs Rad. Wir sind im Herzland Patagoniens – hier ist das Klima wieder etwas gemäßigter – und fahren von Puerto Natales Richtung Punta Arenas. Punta Arenas ist die südlichste Stadt auf dem südamerikanischen Festland. Um zu unserem Ziel Ushuaia – der südlichsten Stadt der Welt – zu kommen, müssen wir die Fähre nehmen. Die Überfahrt über die Magellan-Straße dauert nur gut eine Stunde, dann sind wir auf Feuerland,

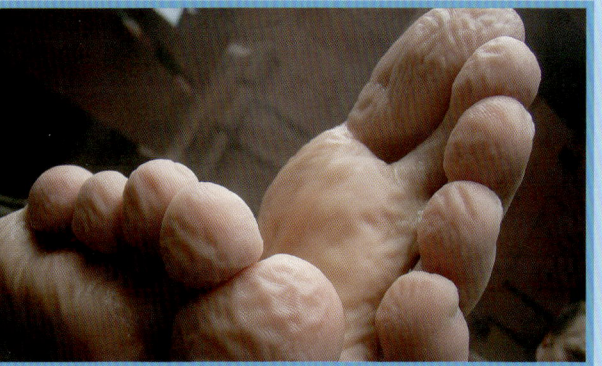

der größten Insel Südamerikas. Die letzte Rad-Etappe liegt vor uns. Immer wieder treffen wir unterwegs auf riesige Schafherden. Es dauert eine Weile, bis wir uns durch Tausende Schafe durchgeklingelt haben. Jetzt am Ende des Winters im September haben sie alle einen Termin beim Friseur und das Winterfell mit der „schlechten Achtzigerjahre-Dauerwellenfrisur" kommt ab. Gauchos und Schafscherer mit ihren wettergegerbten Gesichtern haben ihre Hochsaison und ziehen von Estancia zu Estancia. Ein sicheres Zeichen, dass der Frühling vor der Tür steht. Abends sitzen wir mit einigen wortkargen Gauchos rund um einen bollernden Ofen. Auf dem Tisch steht – keine Überraschung – ein großer Teller Schaffleisch.

Trotz schroffer Natur, unendlicher Pampa, starkem Wind: Patagonien ist ein faszinierender Landstrich. Auf der Halbinsel Valdez bekommen Tierliebhaber leuchtende Augen: Hunderte von Walen der Kategorie „Moby Dick" haben ihr zu Hause vor der Küste – und lassen sich vom Ufer aus beobachten. Nicht minder spektakulär ist die größte Kolonie von Magellanes-Pinguinen außerhalb der Antarktis, in der sich bis zu 300 000 Paare auf einem kleinen Gebiet tummeln und um die Wette schnattern.

Neben leuchtenden Augen gibt es aber auch oft tropfende Nasen. Denn das Wetter als wechselhaft zu bezeichnen ist wohl eher schmeichelhaft. In Patagonien ist eine Wettervorhersage nicht möglich. Meteorologen bekommen hier Depressionen. Das riesige Südpatagonische Eisfeld – die größte Eisfläche außerhalb der Polregionen und Grönland – gepaart mit starkem Wind lässt uns alle vier Jahreszeiten an einem Tag erleben. Kaum überlegt man sich, ob man sich nicht im T-Shirt in die Sonne setzen soll, schielt man schon nach der Schneeschaufel.

Doch das alles wird zur Nebensache angesichts der spektakulären landschaftlichen Höhepunkte Patagoniens: die Berge Fitz Roy und Cerro Torre, der Perito-Moreno-Gletscher und der Nationalpark Torres del Paine. Sie alle liegen nur wenige hundert Straßenkilometer auseinander – für patagonische Verhältnisse ein Katzensprung. Besonders faszinierend ist der Perito-Moreno-Gletscher. Über 5 Kilometer breit und 60 Meter hoch erhebt sich die gigantische Eiswand an seinem Ende aus dem Lago Argentino. Mit ohrenbetäubendem Getöse kalbt der Gletscher ununterbrochen, hausgroße Eisblöcke stürzen in den See. Wir stehen stundenlang ehrfürchtig vor diesem imposanten Schauspiel der Natur. Vorsicht ist geboten, denn in den letzten Jahrzehnten ist schon so mancher von umherfliegenden Eisbrocken erschlagen worden. Wir besuchen die Touristenmagnete mit Freunden aus Deutschland, die uns zum Ende unserer Reise begleiten und mit uns durch Patagonien reisen. Ohne Fahrrad – denn Urlaub muss auch einmal sein …

Mitte:
In den geschützten Buchten rund um Puerto Pirámide auf der Halbinsel Valdez paaren sich die bis zu 30 Tonnen schweren Glattwale und bringen ihre Jungen zur Welt. Selbst vom Strand aus sehen wir die Fontänen der Wale.

Sonnenbad vor dem nächsten Fischfang. Ein Magellanes-Pinguin in der Nähe von Puerto Tombo, Argentinien. Angst haben die Tiere meist nicht. Im Gegenteil: Wir werden von einem allzu neugierigen Exemplar verfolgt. Die Parkverwaltung passt auf, dass die vielen Besucher die Tiere nicht allzu sehr stören.

Links:
Wir machen mal wieder Bekanntschaft mit der „Radlerpost". Es gibt nur eine zentrale Straße im südlichen Patagonien. Briefe an andere Radfahrer, die in der Gegend unterwegs sein müssten, gibt man einfach Autofahrern mit und bekommt auf gleichem Wege mit etwas Glück eine Antwort. So kann sich ein reger Briefwechsel entwickeln. Die Autofahrer machen meist begeistert mit, wir verabreden uns so mit anderen Radreisenden.

Ganz links:
Gibt es einen schöneren Hintergrund für ein Gruppenfoto als den Perito-Moreno-Gletscher im argentinischen Teil Patagoniens?

Links:
Sie klingen wie Musik in den Ohren von Bergsteigern. Die Berge Fitz Roy (rechts) und Cerro Torre (links in den Wolken) sind eine Herausforderung für jeden „Alpinisten". Das patagonische Inlandeis beeinflusst das Klima entscheidend, mehrmalige Wetterwechsel an einem Tag gehören zur Tagesordnung, zudem pfeift der Wind oft in Orkanstärke.

Ganz links:
Das granitene Paine-Massiv mit dem 3050 Meter hohen Paine Grande im Torres-del-Paine-Nationalpark. Selbst Temperaturen von durchschnittlich elf Grad im Sommer, ständige Wetterwechsel und orkanartiger Wind können der Anziehungskraft des Parks nichts anhaben.

Links:
Ein weiterer Fixstern für Trekker der Welt: Der Parque Nacional Torres del Paine im chilenischen Teil Patagoniens. Mittlerweile ist der Park jedoch sehr stark besucht, die Trekkingpfade gleichen in der Hochsaison eher Autobahnen.

Auf dem Weg zum Basiscamp des Fitz Roy im argentinischen Nationalpark Los Glaciares. Im naheliegenden Ort El Chaltén trifft man Trekking-Enthusiasten und Bergsteiger aus aller Welt. Doch schon mancher hat sechs Wochen kartenspielend im Basiscamp ausgeharrt, weil es permanent regnete.

Eine schier unendliche Aussicht in die argentinische Pampa bietet sich dem Wanderer vom Örtchen El Chaltén zum Basiscamp des Fitz Roy.

Die Wege im Nationalpark Los Glaciares sind perfekt ausgebaut. Im Frühjahr blüht Patagonien auf, selbst die sonst so starken Winde scheinen eine Pause einzulegen.

Feuerrot leuchtet der Specht im Parque Nacional Los Glaciares. Er lässt sich nicht stören, so kommen wir bis auf wenige Meter an ihn heran.

Neuschnee kann es zu jeder Jahreszeit geben, auch im Sommer. Die Landschaft rund um den Perito-Moreno-Gletscher ist geprägt von Schnee, Eis und Kälte.

Rechts:
Puerto Natales ist nicht nur Ziel der Navimag-Fähre von Puerto Montt im „Großen Süden" Chiles, sondern auch der Ausgangspunkt für Wanderungen im Nationalpark Torres del Paine. Bei gutem Wetter kann man bereits von der Stadt aus die Ausläufer des Parks sehen.

Oben:
Die Straßenverhältnisse passen zum wilden Bild Patagoniens. Bis auf wenige Ausnahmen bestimmen Waschbrettpisten das Straßenbild. Radfahrer sollten bei solchen Rüttelpisten jeden Tag sämtliche Schrauben überprüfen.

Rechts:
Wetterfeste Kleidung muss hier zeigen, was sie kann. Wer eine Wanderung durch den Nationalpark Torres del Paine unternehmen möchte, sollte auf alles vorbereitet sein. Die meisten Besucher laufen in fünf bis sechs Tagen das sogenannte „W" ab. Übernachten kann man in Zelten oder sehr einfachen, dafür umso teureren Hütten.

Unten:
Tosend stürzt der Wasserfall Salto Grande im Nationalpark Torres del Paine in den Lago Pehoe. Von der dortigen Hosteria starten die meisten Touren in den Torres-del-Paine-Nationalpark.

Oben:
Die Gipfel des Paine Grande spiegeln sich im türkis-farbenen Wasser des Lago Pehoe. Die Gipfel des Cerro Paine Grande ragen mehr als 2000 Meter aus der Ebene hervor, mit etwas Glück sieht man einen Kondor weit oben seine Kreise ziehen.

Links:
Eisberge schwimmen auf dem Lago Grey im Nationalpark Torres del Paine und lassen Ausflugsboote wie Nuss-schalen wirken. Immer wieder brechen meterhohe Eisblöcke aus dem Grey-Gletscher und lassen pittoreske Formen entstehen.

Die Landschaft in Patagonien und auf Feuerland ist sehr karg. Bei den oft starken Winden wird Radfahren schnell zur Herausforderung. Im Hintergrund zeichnet sich die Küstenkordillere auf Feuerland ab – weiter südlich geht es nur noch in die Antarktis.

Extremes Klima und starke Winde verhindern eine üppigere Vegetation. Vor allem der um die 1950er-Jahre von kanadischen Siedlern importierte kanadische Biber stellt aufgrund seiner großen Verbreitung eine Gefahr für die Wälder und Ökosysteme Feuerlands dar.

Ein Gaucho mit seinen Hunden am Wegesrand im Herzen Feuerlands. Als Wanderarbeiter verdienen sie ihren Lebensunterhalt auf Schaffarmen.

Geschafft: Wenn die Panamericana eine Ziellinie hat, dann an diesem Schild im Hafen von Ushuaia, der südlichsten Stadt der Welt. Nach 22 064 Kilometern auf unseren Rädern sind wir am „Fin del Mundo", dem Ende der Welt.

NÜTZLICHE INFORMATIONEN

Anreise

Wegen der Räder haben wir auf Billigflüge mit häufigem Umsteigen verzichtet und einen Direktflug von Frankfurt nach Anchorage mit Zwischenstopp in Whitehorse gewählt. Mehrmaliges Umsteigen mit Rad ist problematisch, da bei jedem Verladen etwas kaputt-, oder sogar verloren gehen kann. Die Räder hatten wir in Fahrradkartons verpackt, das ist die günstigste Variante. Man kann sie in Radläden bekommen, am besten frühzeitig nachfragen! Bei den meisten Fluggesellschaften sind Bike-Boxen oder Fahrradkartons Pflicht. Bei Flügen nach Nordamerika hat man 2 mal 32 Kilogramm Freigepäck (inklusive Räder).

Ausrüstung/Fahrräder

Wir haben uns für wenig, dafür aber qualitativ hochwertiges Material entschieden. Unsere Räder, stabile 26-Zoll-Tourenräder mit Stahlrahmen und Nabenschaltung, haben uns auf der gesamten Tour nicht im Stich gelassen. Besonders anfällig sind in der Regel die Gepäckträger. Wir sind mit Tubus Tara (vorne) und Tubus Logo (hinten) sehr gut gefahren. Das A und O sind regenfeste Gepäcktaschen und da geht für uns nichts über die Ortlieb-Taschen. Vor der Reise sollte man den Fahrrad-Sattel gut eingefahren haben, wir haben Brooks-Ledersättel, die im Laufe der Zeit fast Wohnzimmersessel-Qualitäten bekommen haben. Unseren Kocher MSR Whisperlite 600 haben wir aufgrund der Tatsache gewählt, dass er auch mit „regular unleaded", also bleifreiem Benzin zufrieden ist, was gerade in Gegenden wie Zentral- und Südamerika wichtig ist. Nicht fehlen sollte ein Wasserfilter. In Kanada und Nordamerika macht einem der Dünndarm-Parasit Giardia lamblia sonst das Leben zur Hölle. Unsere Campingausrüstung bestand aus einem selbsttragenden Zelt mit zwei Eingängen in dezentem grün (um beim Wildcampen nicht aufzufallen), selbstaufblasenden Isomatten und Daunenschlafsäcken. Weitere Infos unter www.pan-america.de, Idee und Vorbereitung – Die Packliste.

Karten/Bücher

Von jedem Land haben wir vor der Abreise Bücher und Karten besorgt und uns diese unterwegs dann zuschicken lassen. Gerade in Nordamerika findet man gutes Infomaterial auch in den Visitor Centers der jeweiligen Orte. Ab Zentralamerika sollte man Karten schon zu Hause organisieren, die man sich dann nachschicken lässt. Gerade wenn es um die Übernachtungsmöglichkeiten ging, half uns unterwegs der Lonely Planet immer weiter.

Versicherungen/Visa/Geld/Bürokratie

Eine Auslandskrankenversicherung ist unverzichtbar. Wir haben eine recht günstige bei der Hanse Merkur Versicherung gefunden – wichtig ist es, auf die Laufzeit und auf die Länder zu achten. Ansonsten haben wir nur die wichtigsten Versicherungen zu Hause behalten, viele Dinge haben wir im Vorfeld der Reise gekündigt. Ein Visum benötigten wir nur für die USA. Da wir ein sechsmonatiges Visum beantragten, sind wir mit einer Arbeitsbestätigung unserer Arbeitgeber zum hiesigen Konsulat gegangen. Alle anderen Länder kann man problemlos ohne Visum bereisen. Beim Geld kann man sich mittlerweile in Nord- und Südamerika auf Kreditkarten verlassen. Allerdings sollte man eine der gängigen Karten – Visa oder Euro/Mastercard – verwenden. Kreditkarten sind auch eine Voraussetzung für Reservierungen, dem Mieten von Leihwagen, etc. Sehr bequem reist man mit der EC-Karte. Schon in kleineren Städten kann man damit problemlos und wie zu Hause an Geldautomaten Bargeld abheben. Wir hatten immer nur wenig Bargeld dabei, kleinere „Reserven" haben wir an verschiedenen Orten am Fahrrad und in unseren Kleidern und Schuhen versteckt. Wie hoch das Budget einer langen Radreise ist, hängt vom Land und den persönlichen Vorlieben ab. Wenn man regelmäßig zeltet, selbst kocht und nur wenige teure Extra-Touren macht, kommt man mit 20 Euro pro Tag und Person gut zurecht. Arbeiten unterwegs lohnt sich nicht, das Lohnniveau ist überall deutlich niedriger als in Deutschland. Dann lieber zu Hause etwas mehr sparen. Eine unverzichtbare Hilfe bei einer langen Radreise ist der „Manager" zu Hause. Er sollte Vollmachten bei Banken haben und unterzeichnungsberechtigt sein. Auch wenn die Post spärlicher eintrifft, so gibt es doch immer noch eine Menge zu tun. Da ist es enorm wichtig, zu Hause eine Person zu haben, der man hundertprozentig vertrauen kann. Notwendig ist eine Person zu Hause auch für den sicheren Transfer von Digitalbildern. Überall – vor allem in Lateinamerika – kann man für wenig Geld seine Bilder auf CD brennen lassen. Da die Post in manchen Ländern nicht unbedingt die höchste Vertrauensstufe erhält, empfiehlt es sich, die Bilder erst dann von der Kamera zu löschen, wenn sie auch wirklich zu Hause angekommen sind.

Rechts:
Die einzige Bedrohung auf der Reise stellten die Hunde dar. Für solche Zwecke hatten wir ein Abwehrspray dabei. Genutzt haben wir es jedoch nie, am effektivsten vertreibt man Hunde durch lautes Schreien oder mit Steinen.

Ganz rechts:
Unser Panamericana-Fahrrad mit voller Beladung. Das Fahrrad inklusive Ausrüstung und Taschen wog gute 50 Kilogramm, bei langen Strecken ohne Wasserversorgung auch schon mal mehr.

Reisezeit

Die Sommermonate sind genau die richtige Jahreszeit für Alaska, Kanada und die Staaten Washington und Oregon. Angenehme Temperaturen und wenig Regen sorgen für einen guten Start. Für Zentralamerika ist die beste Jahreszeit von November bis März, denn dann sind die Temperaturen einigermaßen erträglich und es ist Trockenzeit. Den Norden Südamerikas sollte man von Mai bis Oktober bereisen, den Süden Südamerikas (Patagonien) im dortigen Sommer, das heißt von Oktober bis März.

Durststrecken überstehen

Eine Hochzeitsreise ist eine äußerst romantische Sache – aber wenn sie 16 Monate dauert... Auf einer solchen Extremreise kommt es hier und da zu schwierigen oder brenzligen Situationen, da ist es in der engen Zweisamkeit schon mal schwierig, miteinander umzugehen. Man hat viele Hochs als Langzeitreisender, aber natürlich auch viele Tiefs. In solchen Momenten nicht aufzugeben, erfordert viel Anstrengung. Da ist es gut, wenn man seine Ängste teilen kann und sich gegenseitig wieder Mut und Lust aufs Weiterreisen macht. Kleine Ziele setzen, sich mit anderen Reisenden austauschen (zum Beispiel übers Internet), sich nach schweren Strecken mit etwas (zum Beispiel einer Hotelübernachtung) belohnen, einen Tagesetappenplan bis zum nächsten größeren Ziel erstellen – das sind kleine Dinge, mit denen man Durststrecken unterwegs überbrücken kann.

Gesundheit

Ein paar Impfungen sollten aufgefrischt werden (Hausarzt fragen). Ansonsten ist es besser, alle möglichen notwendigen Medikamente selbst dabei zu haben, um unabhängig zu sein. Wichtig ist jedoch, dass man sich sowohl mit den Medikamenten, als auch mit den möglichen Krankheiten ein wenig auskennt.

Sicherheit

Allgemeine Tipps gegen Überfälle zu geben ist schwierig. Man sollte möglichst unauffällig und zurückhaltend auftreten, beim Wildcampen darauf achten, dass man von der Straße nicht zu sehen ist, auf den Rat von Einheimischen hören und – wenn man überfallen wird – möglichst keine Gegenwehr leisten. Haarsträubende Storys von Überfällen haben wir unterwegs zuhauf gehört – aber nie irgendwelche Probleme bekommen. Die bekommt man eher durch Tiere. Und da sind es nicht die vermeintlichen Exoten wie Schlangen, Skorpione oder Spinnen, die einem das Leben schwer machen, sondern in Nordamerika Myriaden von Moskitos und in Lateinamerika wild umherstreunende Hunde. Bei letzteren hilft meist lautes Rufen oder einfach das Aufheben eines Steines. Um von anderen Autofahrern – besonders bei schlechtem Wetter – besser gesehen zu werden, haben wir uns leuchtende Warnwesten (wie sie Bauarbeiter häufig tragen) gekauft. Praktischer Nebeneffekt: Auf der Fähre von Vancouver-Island nach Washington State wurde ich für einen Hafenarbeiter gehalten und habe meine Pizza günstiger bekommen...

Training/Sprache

Ein besonderes Training ist nicht erforderlich. Gerade am Anfang sollte man etwas langsamer unterwegs sein und weniger Kilometer pro Tag kurbeln. Sehr schnell merkt man jedoch, dass sich eine starke Kondition aufbaut. Auf der Panamericana gibt es glücklicherweise nur zwei Sprachen: Englisch und Spanisch. Um Spanisch zu lernen, nahmen wir an VHS-Kursen teil, gingen in Guatemala aber auch noch mal für eine Woche in die Sprachschule. Am besten lernt man eine Sprache aber doch im ständigen Kontakt mit den Menschen.

Internet und wichtige Adressen

- www.auswaertiges-amt.de
  aktuelle Länderinformationen des Auswärtigen Amtes.
- www.warmshowers.org
  eine Organisation von Radlern für Radler. Nach der Registrierung hat man die Möglichkeit weltweit eine heiße Dusche oder ein warmes Bett bei Gleichgesinnten zu bekommen.
- www.goethe.de
  Goethe-Institute, für Leute, die unterwegs mal wieder deutsche Zeitungen und Zeitschriften lesen wollen.
- www.globetrotter.de
  Ausrüstung für Langzeitradler, Informationen und vieles mehr.

Wieder zu Hause

Wir werden auch ein Jahr nach unserer Rückkehr noch oft gefragt, ob wir uns wieder eingelebt haben. Ja! Das haben wir, aber es hat lange gedauert. Auf einer langen Radreise wird man mit so unterschiedlichen Menschen, Kulturen und Landschaften konfrontiert, da fühlt sich der Schritt zurück ins gewohnte Leben an wie der Gang in einen Käfig. Man gewöhnt sich auf Reisen schnell an die absolute Freiheit, sodass es nach der Rückkehr einige Monate dauert, bis die Vorzüge unseres Lebens hier wieder in den Vordergrund treten. Nach Monaten on the road sollte man sich auch fürs Nachhausekommen Zeit nehmen und nicht sofort ein paar Tage später mit einem Job anfangen. Zudem hilft es, wenn man nicht gerade zur dunklen Jahreszeit nach Hause kommt, sondern im Frühling.

Ganz links:
Der Fahrradschuh als Notfalltresor: Für den Fall eines Überfalles hatten wir ein paar US-Dollar unter der Sohle unseres Fahrradschuhs versteckt.

Links:
Unser Zuhause für 16 Monate. Wichtig für Personen mit unterschiedlichem Ordnungssinn sind zwei getrennte Eingänge. Zudem sollte das Zelt frei stehend sein, also auch ohne Heringe auskommen, damit es auch auf steinharten Plätzen aufgebaut werden kann. Um unauffällig zu sein, wählten wir ein dunkelgrünes Zelt.

RUSSLAND

GRÖNLAND

ATLANTISCHER OZEAN

USA
ALASKA
Prudhoe Bay
Fairbanks
Anchorage
Brooks Range
Alaska Range
Whitehorse
Coast Mountains
Fort Nelson
Dawson Creek
Prince George
Edmonton
Calgary
KANADA
Rocky Mountains
Vancouver
Seattle
Portland
Eugene
Medford
Redding
Sacramento
San Francisco
San Jose
Big Sur
Los Angeles
San Diego
Tijuana
Yuma
Phoenix
Tucson
Nogales
Hermosillo
Los Mochis
Torreón
Mazatlán
Victoria
Nuevo Laredo
Monterrey
Sierra Madre
MEXIKO
Guadalajara
Ciudad de México
Pachuca de Soto
Puebla
Oaxaca de Juárez
Tuxtla Gutiérrez
Ciudad de Guatemala
GUATEMALA
San Salvador
Managua
BELIZE
HONDURAS
Tegucigalpa
Choluteca
NICARAGUA
Liberia
San José
COSTA RICA
David
PANAMA
Panamá
Yaviza
Turbo
Barranquilla
Caracas
VENEZUELA
GUYANA
SURINAME
FRANZ. GUYANA
Medellín
Bogotá
Nevado del Ruiz 5.325 m
KOLUMBIEN
Tuluá
Cali
Pasto
Quito
Chimborazo 6.310 m
ECUADOR
Guayaquil
Riobamba
Machala
Loja
Sullana
Chiclayo
Trujillo
Huascarán 6.746 m
Chimbote
PERU
Lima
Chincha Alta
Ica
BOLIVIEN
La Paz
Illimani 6.882 m
Arequipa
Tacna
Arica
Licancabur 5.916 m
Antofagasta
Atacama
Copiapó
CHILE
La Serena
Valparaíso
Aconcagua 6.959 m
Córdoba
Santa Fe
Rosario
URUGUAY
Mendoza
Buenos Aires
Santiago de Chile
Talca
Concepción
Chillán
Temuco
Bahía Blanca
Puerto Montt
Isla Chiloé
Quellón
Viedma
ARGENTINIEN
Patagonien
Comodoro Rivadavia
Río Gallegos
Punta Arenas
Feuerland
Ushuaia

Toronto
New York
Washington
Denver
USA
Las Vegas
Dallas
Houston
Miami
Golf von Mexiko
Mérida
Karibisches Meer
Pazifischer Ozean
BRASILIEN
Manaus
Salvador
PARAGUAY
Rio de Janeiro
Pampas

PAZIFISCHER OZEAN

.... Historische Route
.... Erweiterte Route
.... Alternative Route

Der Stanley Park am Rande Downtown Vancouvers bietet ideale Möglichkeiten, den Sonnenuntergang zu beobachten. Nach zehn Wochen und 4000 Kilometern ist ein erstes Etappenziel unserer Reise von Alaska nach Feuerland erreicht.

Impressum

Buchgestaltung
www.hoyerdesign.de

Karte
Fischer Kartografie, Aichach

Alle Rechte vorbehalten

Printed in Italy
Repro: Artilitho snc, Lavis-Trento, Italien
www.artilitho.com
Druck und Verarbeitung: Grafiche Stella srl, Verona, Italien
www.grafichestella.it
© 2. Auflage 2018 Verlagshaus Würzburg GmbH & Co. KG
© Fotos und Texte: Andrea und Jörg Schuster

ISBN 978-3-8003-1933-6

Andrea und **Jörg Schuster** wohnen in Frankfurt am Main. Auf zahlreichen Reisen, unter anderem durch Indien, Vietnam, Bolivien, Alaska oder Skandinavien entwickelte sich die Idee einer langen Auszeit. Im Sommer 2006 verwirklichten die beiden ihren Traum, von Alaska nach Feuerland mit dem Fahrrad zu fahren, und tauschten den Bürostuhl gegen einen Fahrradsattel. In Zeitungen, Radio und TV wurde über die knapp eineinhalbjährige Tour berichtet.
Mehr Informationen über die spannende Reise sowie Informationen über Vorträge der Globetrotter erfahren Sie im Internet unter www.pan-america.de.

Danksagung
Eine solche Reise geht nicht ohne die Unterstützung von vielen wichtigen Personen – moralisch und organisatorisch. Vor allem möchten wir uns bedanken bei:
- unseren Familien und Freunden für die Unterstützung, das Teilen unserer Pan-America-Begeisterung und die Geduld beim Ertragen der vielen, vielen Geschichtchen nach der Reise,
- unserem „Backoffice Manager Manfred" für's Stellunghalten in der Heimat und die Abwicklung aller doch irgendwie notwendigen Angelegenheiten während unserer Reise,
- Nick Meyer und seinem gesamten Team für die Pflege unserer Homepage www.pan-america.de,
- Manuela Olten für die Entwicklung unseres Logos,
- den Mitarbeitern von Globetrotter in Frankfurt, die uns mit viel Rat und Tat bei der Auswahl der richtigen Ausrüstung beraten haben,
- den Leuten unterwegs, denen wir begegnet sind – ob wir etwas mehr Zeit miteinander verbracht haben oder die Begegnung nur sehr kurz war; die Vielfalt an Menschen und Charakteren, mit denen sich unser Weg gekreuzt hat, hat unsere Reise erst zu einem besonderen Erlebnis gemacht,
- den vielen Mitarbeitern von SOS in Deutschland, aber vor allem in den Ländern Lateinamerikas. Wir haben unterwegs einige SOS-Kinderdörfer besucht und sind erstaunt und beeindruckt über die vielfältige und engagierte Arbeit der Organisation.

Unser gesamtes Programm finden Sie unter:
www.verlagshaus.com